# Die Juden von Ronnenberg
Eine Stadt bekennt sich zu ihrer Vergangenheit

Schriftenreihe der Gedenkstätte Ahlem
Sonderedition
Band 3

Herausgegeben von
Stefanie Burmeister

Im Auftrag der
Region Hannover
Zentrale Steuerung
Gedenkstätte Ahlem

# Die Juden von Ronnenberg
# Eine Stadt bekennt sich zu ihrer Vergangenheit

Peter Hertel und Christiane Buddenberg-Hertel

2016
Hahnsche Buchhandlung Hannover

Bibliografische Information der Deutschen Nationalbibliothek
Die Deutsche Nationalbibliothek verzeichnet diese Publikation in der Deutschen Nationalbibliografie; detaillierte bibliografische Daten sind im Internet über http://dnb.ddb.de abrufbar.

Redaktionsschluss: Januar 2016
1. Auflage, Hannover 2016

Herausgeber: Region Hannover


ISBN 978-3-7752-4903-4

Layout:
Region Hannover, Team Medienservice & Post, Christina Busche

Druck:
Region Hannover, Team Medienservice & Post

# Vorwort

Mit der vorliegenden Publikation ist nun ein weiterer wichtiger Schritt in der regionalen Aufarbeitung der Zeit des Nationalsozialismus, aber auch der Geschichte der Juden in der Region Hannover vollzogen worden.

Die erinnerungskulturellen Entwicklungen in der Region Hannover in den letzten Jahren sind von zunehmendem Engagement geprägt. Die 21 Städte und Gemeinden der Region Hannover intensivieren ihre Auseinandersetzung mit der nationalsozialistischen Vergangenheit. Dabei übernimmt die Stadt Ronnenberg in gewisser Weise eine Vorreiterrolle, vor allen Dingen in Bezug auf das Schicksal ihrer jüdischen Einwohnerinnen und Einwohner. Dabei ist es der Initiative von Christiane Buddenberg-Hertel und Peter Hertel zu verdanken, dass die Geschichte der Ronnenberger Juden überhaupt aufgearbeitet werden konnte. Die beiden haben unzählige Materialien gesammelt und zusammengetragen, und so eine beispiellose Detailtiefe unter Einbeziehung der persönlichen Schicksale der Juden von Ronnenberg erreicht. Quellen und Dokumente, die sie vor allen Dingen von den Nachfahren der Menschen, die einst in Ronnenberg lebten, erhalten haben. Dazu gehört ein großes Maß an Einfühlungsvermögen von Seiten der Autoren, und Vertrauen der Menschen, die ihre persönlichen und familiären Erinnerungsstücke und -berichte zur Verfügung gestellt haben.

Die dadurch entstandenen engen, persönlichen Verbindungen merkt man dem Buch zu jeder Zeit an. Mein herzlicher Dank gilt daher den beiden Autoren und allen Beteiligten, die diese wichtige regionalgeschichtliche Darstellung ermöglicht und dadurch nicht zuletzt ein Andenken an die ehemaligen Juden von Ronnenberg geschaffen haben.

Hauke Jagau
Regionspräsident

# Zum Geleit

# Worum es geht

Ohne die Hilfe der drei letzten Juden von Ronnenberg, Fritz G. Cohen (West Lafayette/USA), Ursula Löwenstein geb. Seligmann (Jerusalem) und Heinz Seligmann (Rio de Janeiro), würde es dieses Buch nicht geben. Sie haben unsere Initiative mit vielen Bildern, Dokumenten und Auskünften unterstützt. Deshalb danken wir ihnen zu allererst – wie auch Kindern und Enkeln, mit denen wir ebenfalls in Verbindung stehen. Wir sind froh, insofern nicht über die Juden von Ronnenberg, sondern mit ihnen zu berichten.

Unser Dank gilt des weiteren dem Rat und der Stadt Ronnenberg unter Bürgermeister Wolfgang Walther (2001-2013). Er sagte: *„Millionenfacher staatlich angeordneter Mord an unschuldigen Menschen darf nicht verschwiegen werden. Die Kommune hat hier einen politischen Auftrag."* . Einwohnerinnen und Einwohner sollen aus den Verbrechen der Nazis für eine fruchtbringende gesellschaftliche Entwicklung lernen. Dabei werden aktueller Antisemitismus und Ausländerfeindlichkeit in den Lernprozeß einbezogen. Dieser kommunale, nicht alltägliche politische Ansatz war für uns der Anlass, der Stadt unsere Mitarbeit anzubieten.

▾ Fritz Cohen mit seiner Frau Leona (und Hund Michelle) in West Lafayette /USA.

▾ Ursula Löwenstein geb. Seligmann in Jerusalem.

▾ Heinz Seligmann mit seiner Frau Ira in Rio de Janeiro.

Dankbar sind wir außerdem, dass Regionspräsident Hauke Jagau unsere Initiative u.a. durch Besuche von Begleitveranstaltungen unterstützt hat. Nunmehr hat die Gedenkstätte Ahlem/Region Hannover auch das Buch ermöglicht. Ohne öffentliche Hilfe hätten wir unseren Beitrag zur Ronnenberger Erinnerungskultur nicht leisten können.

Als wir begannen, war die jüdische Geschichte der ehemaligen Gemeinde Ronnenberg kaum bekannt. Für die Zwangsarbeiter und Kriegsgefangenen hatte die Stadt bereits in den 1980er Jahren ein Mahnmal und einen Gedenkstein errichtet. Doch die Juden waren praktisch vergessen. Nur ihre ehemaligen Häuser und ihr Friedhof erinnerten an sie.

In in- und ausländischen Archiven, im Kontakt mit Überlebenden sowie durch Reisen in die USA und nach Brüssel, wohin mehrere Juden aus Ronnenberg geflüchtet waren, haben wir mündliche Zeugnisse aufgenommen, Briefe, Aufzeichnungen, Dokumente und Bilder wurden aufgespürt und gesammelt. So konnten die teilweise verschollenen Namen der Ronnenberger Juden seit Beginn des 19. Jahrhunderts aufgelistet und das Schicksal der meisten von ihnen lückenlos geklärt werden.

Zum 9. November 2013, dem 75. Jahrestag der Reichspogromnacht, errichtete die Stadt auf der Grundlage unserer Erkundungen eine Gedenkstätte für ihre jüdische Gemeinschaft, die Ende 1939 ausgelöscht war. Dazu hatten wir die Ausstellung „Eingeprägt in unser Gedächtnis – Die Juden von Ronnenberg“ erarbeitet, die inzwischen in Schulen und sogar außerhalb Niedersachsens gezeigt wurde. Jetzt wird sie zur Grundlage dieses Buches. Einige wichtige Bilder und Dokumente, die wir seit Ende 2013 erhalten und entdeckt haben, sind hinzugefügt.

Im Blick auf Einzelschicksale wie auf den Gesamtzusammenhang des Naziterrors möchten wir am Beispiel einer überschaubaren Landgemeinde im Einflussbereich der Großstadt Hannover deutlich werden lassen, wie die Nazis unerbittlich und erfolgreich ihr Ziel verfolgten, die Juden aus deutschen Gemeinwesen zu vertreiben und sie zu ermorden.

Zu sehen und zu lesen ist aber auch, wie seit 1998 in Ronnenberg versucht wurde, über die Erinnerung hinaus einen Beitrag zu einer menschenwürdigen Zukunft zu leisten.

Christiane Buddenberg-Hertel & Peter Hertel

Jüdische Bürgerinnen und Bürger wohnten seit dem 18. Jahrhundert in Ronnenberg, einer Landgemeinde bei Hannover. Von 1790 bis 1939 waren es insgesamt mehr als 100. Sie trugen zum Wohlergehen Ronnenbergs bei, besaßen ansehnliche Häuser und Geschäfte, hatten Unternehmen und eine Arztpraxis. Wie die übrigen Bewohner lebten sie den Alltag in diesem Ort, gehörten beispielsweise dem Gesangverein an, spielten Theater, waren Feuerwehrleute und Soldaten im ersten Weltkrieg.

▲ Auf dem Kriegerdenkmal in Ronnenberg stehen die Namen von zwei Juden: Albrecht Cohen † 27.11.1914 in Russland; Hermann Haas † 1.6.1916 bei Artois (Frankreich)

▲ Theatergruppe des Gesangvereins „Concordia“ um 1900. Das Bild zeigt drei jüdische Mitglieder; in der mittleren Reihe, rechts außen: Henny Seligmann; in der unteren Reihe, von links: Paula Seligmann (1), Franz Seligmann (6).

Das Miteinander in Ronnenberg wurde zerstört, nachdem die Nationalsozialisten im Januar 1933 an die Macht gekommen waren und ihre Ideologie verwirklichten. Die Juden von Ronnenberg wurden ausgegrenzt: sie mussten Vereine verlassen, ihre Geschäfte wurden boykottiert, die Kinder wurden von weiterführenden Schulen ausgeschlossen. Mehr und mehr wurde ihnen klar, dass sie in Deutschland keine Zukunft mehr hatten. Alle 25, die 1933 in Ronnenberg lebten, flohen innerhalb von drei Jahren. 22 von ihnen entkamen ins Ausland, drei fanden kein Aufnahmeland und wurden zwischen 1942 und 1944 ermordet.

In Bild und Text tritt in dieser Publikation der erpresserische Druck hervor, dem die sieben miteinander verwandten Familien wie alle deutschen Juden ausgesetzt waren. Erzählt werden außerdem Fluchtgeschichten: unsägliches Leid nach der Vertreibung, unerträgliche Heimatlosigkeit und sozialer Abstieg in den Aufnahmeländern. Einzelschicksale offenbaren verzweifelte Versuche, den Vernichtungslagern zu entgehen.

Die wohlhabenden jüdischen Bürgerinnen und Bürger der Gemeinde Ronnenberg kamen in ihren Zufluchtsorten praktisch mittellos an und hatten große Schwierigkeiten, Boden unter die Füße zu bekommen.

◂ Freiwillige Feuerwehr von 1899. Zu den Gründungsmitgliedern gehörte Robert Seligmann.

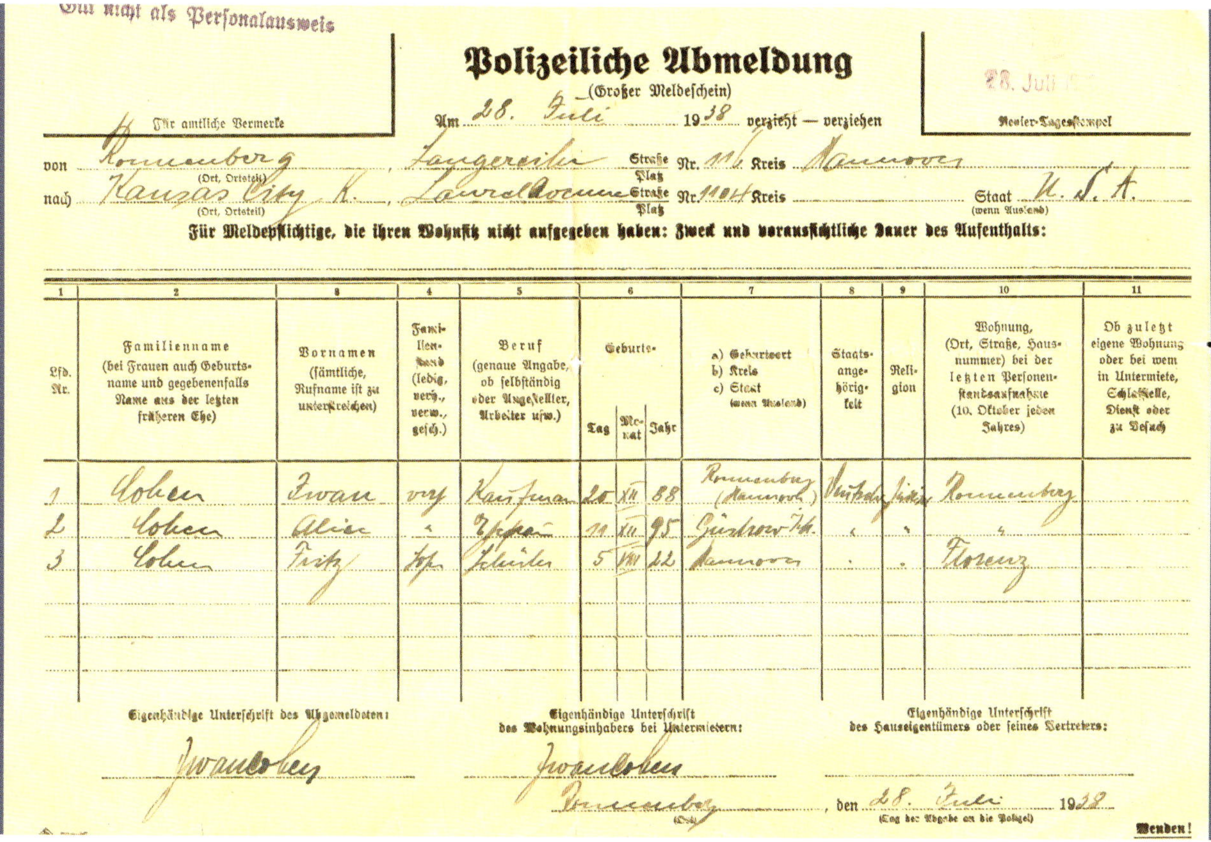

Gilt nicht als Personalausweis

# Polizeiliche Abmeldung

(Großer Meldeschein)

Für amtliche Vermerke

Am 28. Juli 1938 verzieht — verziehen

28. Juli

Revier-Tagesstempel

von Ronnenberg (Ort, Ortsteil), Langereihe Straße/Platz Nr. 116 Kreis Hannover

nach Kansas City K. (Ort, Ortsteil), Lawrencestraße Straße/Platz Nr. 11014 Kreis ... Staat (wenn Ausland) U.S.A.

**Für Meldepflichtige, die ihren Wohnsitz nicht aufgegeben haben: Zweck und voraussichtliche Dauer des Aufenthalts:**

| 1<br>Lfd. Nr. | 2<br>Familienname (bei Frauen auch Geburtsname und gegebenenfalls Name aus der letzten früheren Ehe) | 3<br>Vornamen (sämtliche, Rufname ist zu unterstreichen) | 4<br>Familienstand (ledig, verh., verw., gesch.) | 5<br>Beruf (genaue Angabe, ob selbständig oder Angestellter, Arbeiter usw.) | 6<br>Geburts- Tag | Monat | Jahr | 7<br>a) Geburtsort b) Kreis c) Staat (wenn Ausland) | 8<br>Staatsangehörigkeit | 9<br>Religion | 10<br>Wohnung, (Ort, Straße, Hausnummer) bei der letzten Personenstandsaufnahme (10. Oktober jeden Jahres) | 11<br>Ob zuletzt eigene Wohnung oder bei wem in Untermiete, Schlafstelle, Dienst oder zu Besuch |
|---|---|---|---|---|---|---|---|---|---|---|---|---|
| 1 | Cohen | Iwan | verh. | Kaufmann | 20 | XII | 88 | Ronnenberg (Hannover) | Deutsch | jüdisch | Ronnenberg | |
| 2 | Cohen | Alice | " | Ehefrau | 11 | XII | 95 | Güstrow i/M. | " | " | " | |
| 3 | Cohen | Fritz | led. | Schüler | 5 | VIII | 22 | Hannover | " | " | Florenz | |

Eigenhändige Unterschrift des Abgemeldeten: Iwan Cohen

Eigenhändige Unterschrift des Wohnungsinhabers bei Untermietern: Iwan Cohen

Eigenhändige Unterschrift des Hauseigentümers oder seines Vertreters:

Ronnenberg (Ort), den 28. Juli 1938 (Tag der Abgabe an die Polizei)

Wenden!

◂ Drei von vier Mitgliedern der Familie Cohen gelang 1938 die Flucht in die USA.

▴ Lina Cohen, gestorben 1943, Theresienstadt

▴ Max Seligmann, ermordet 1942, Auschwitz

▴ Rosa Seligmann, verschollen 1944, Auschwitz

# Spuren

# Dokumente aus dem 19. Jahrhundert

Die erste, allerdings unbewiesene, Nachricht über die Anwesenheit eines Juden in Ronnenberg stammt aus dem 17. Jahrhundert.[1] Erwiesen ist, dass 1758 ein jüdischer Handelsmann in der Gemeinde lebte.[2] Im Calenberger Land durfte eine begrenzte Anzahl von Juden, sog. „Schutzjuden", wohnen. Der Schutzbrief, den sie dafür zu erwerben hatten, kostete 40 Taler, und danach war jährlich ein Schutzgeld zu zahlen: 20 Taler beispielsweise in der Neustadt vor Hannover, 4 Taler in Ronnenberg.[3]

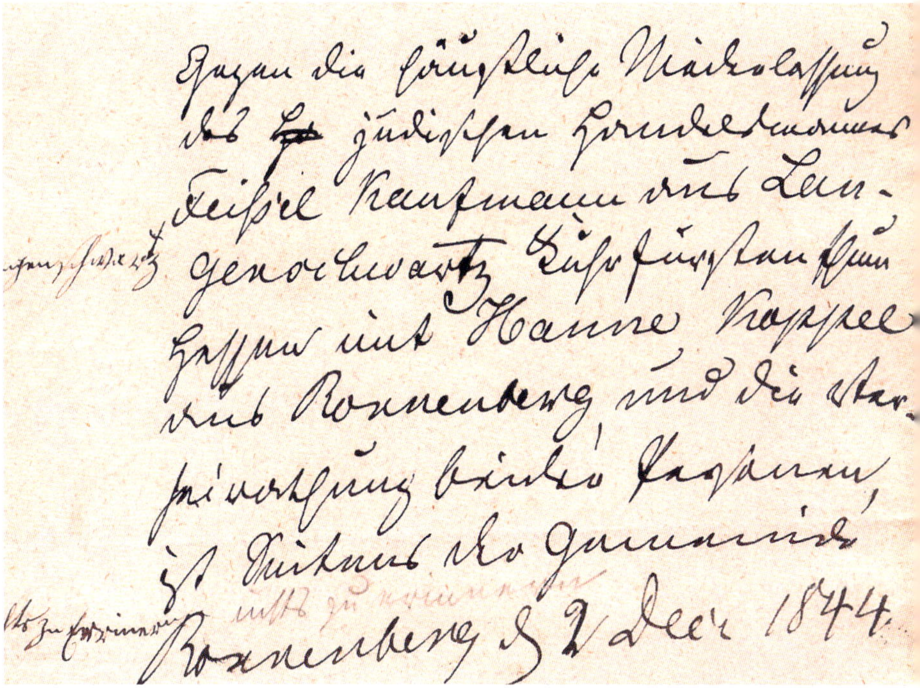
Gegen die häusliche Niederlassung des jüdischen Handelsmannes Feissel Kaufmann aus Langenschwartz Kurfürstenthum Hessen mit Hanne Koppel aus Ronnenberg und die Verheiratung beider Personen ist seitens der Gemeinde nichts zu erinnern Ronnenberg d 2 Decr 1844.

▲ Zu Beginn des 19. Jhs. zog Alexander Moses Coppel mit Frau und Sohn aus Hagenburg (Fürstentum Schaumburg-Lippe) nach Ronnenberg. 1833 lebte eine „Hannchen Koppeln" in der Gemeinde. Text des Dokuments: *Gegen die häusliche Niederlassung des jüdischen Handelsmannes Feissel Kaufmann aus Langenschwartz Kurfürstentum Hessen mit Hanne Koppel aus Ronnenberg und die Verheiratung beider Personen ist seitens der Gemeinde nichts zu erinnern. Ronnenberg den 2. Dezember 1844.*

◂ Ältestes jüdisches Zeugnis in Ronnenberg: Grabstein Samuel Seligmanns.

1 Meiners, Werner, Nordwestdeutsche Juden zwischen Umbruch und Beharrung, Hannover 2001, S.473.

2 Obenaus,Wilhelm, Hrsg., in Zusammenarbeit mit David Bankier und Daniel Fraenkel, Historisches Handbuch der jüdischen Gemeinden in Niedersachsen und Bremen, Bd 1, Göttingen 2005, S. 596.

3 NLA Hannover Cal Br. 23 Nr.599.

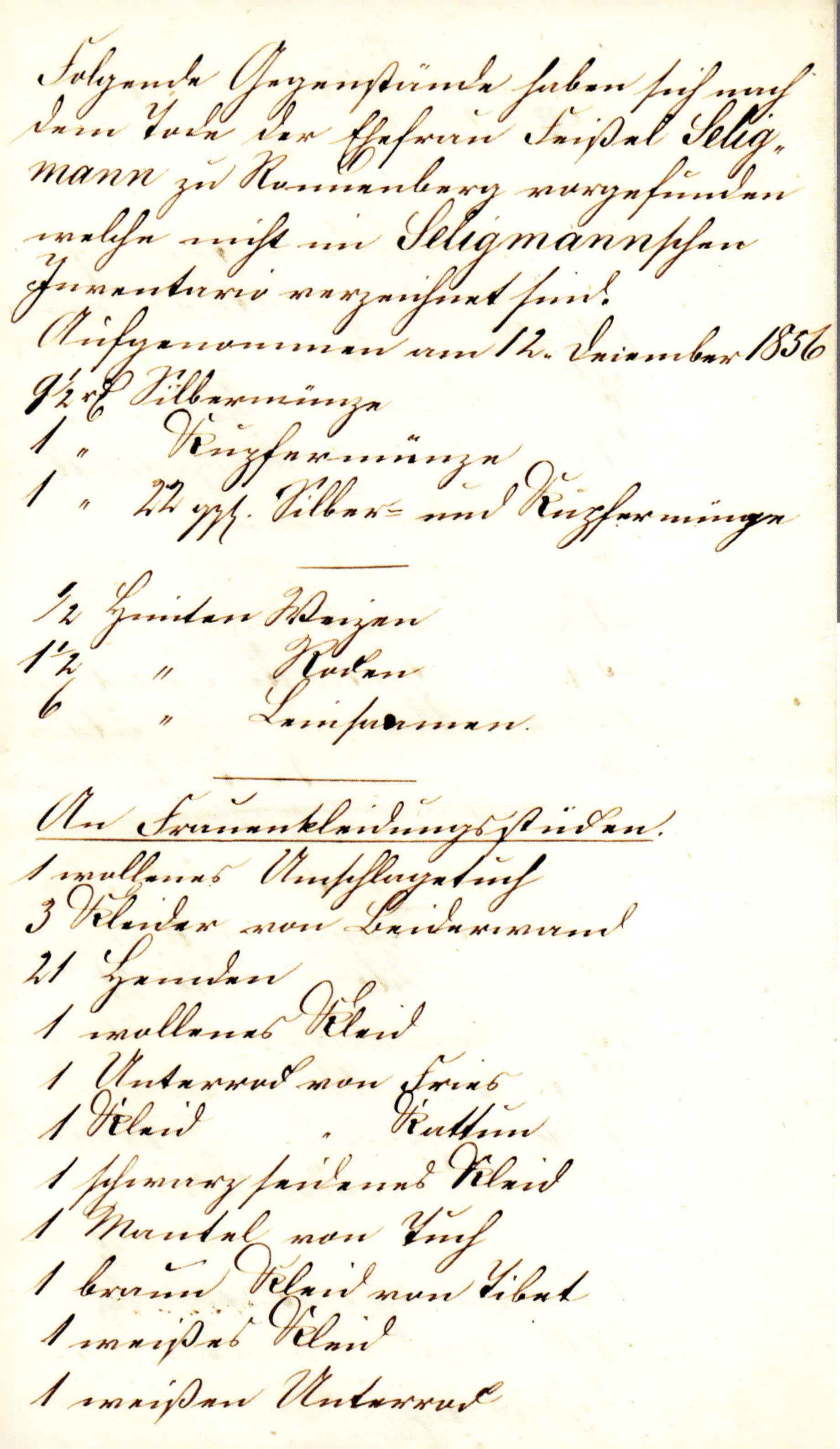

Folgende Gegenstände haben sich nach dem Tode der Ehefrau Feissel Seligmann zu Ronnenberg vorgefunden welche nicht im Seligmannschen Inventario verzeichnet sind.

Aufgenommen am 12. Dezember 1856

9 1/2 rℓ Silbermünze
1 " Kupfermünze
1 " 22 ggr. Silber- und Kupfermünzen

1/2 Himten Weizen
1 1/2 " Rocken
6 " Leinsamen

An Frauenkleidungsstücken.

1 wollenes Umschlagetuch
3 Kleider von Beiderwand
21 Hemden
1 wollenes Kleid
1 Unterrock von Fries
1 Kleid " Kattun
1 schwarz seidenes Kleid
1 Mantel von Tuch
1 braun Kleid von Tibet
1 weißes Kleid
1 weißen Unterrock

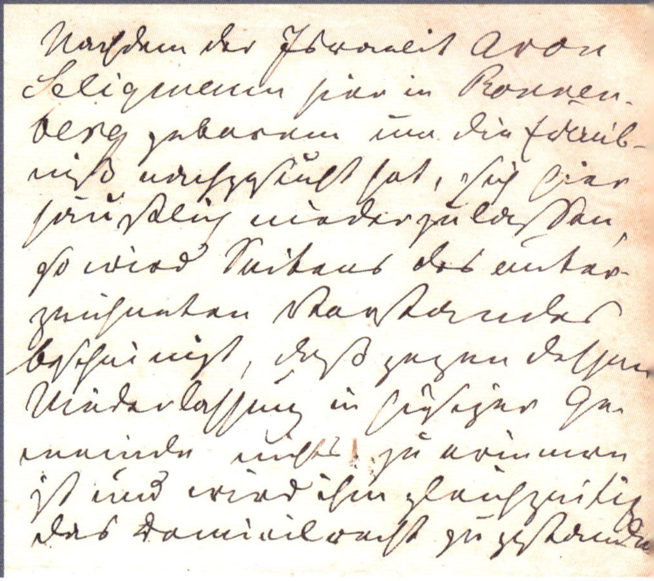

Nachdem der Israelit Aron Seligmann hier in Ronnenberg geboren um die Erlaubniß nachgesucht hat, sich hier häuslich niederzulassen, so wird seitens des unterzeichneten Vorstandes bescheinigt, daß gegen dessen Niederlassung in hiesiger Gemeinde nichts zu erinnern ist und wird ihm gleichzeitig das Domicilrecht zugestanden

▲ Um 1840 erhielt der Viehhändler und Schlachter Aron Seligmann, der jüngere Bruder von Feissel Seligmann, das Niederlassungsrecht. Text des Dokuments: *Nachdem der Israelit Aron Seligmann hier in Ronnenberg geboren um die Erlaubnis nachgesucht hat, sich hier häuslich niederzulassen, so wird seitens des unterzeichneten Vorstandes bescheinigt, dass gegen dessen Niederlassung in hiesiger Gemeinde nichts zu erinnern ist und wird ihm gleichzeitig das Domicilrecht zugestanden*

◄ Der Viehhändler Feissel Seligmann führte mit seiner Frau Rebekka offenbar auch einen „Manufaktur-Laden". 1856 wurden auf der Bestandsliste des Geschäftes u.a. registriert: 21 Hemden, 10 Dutzend Perlmuttknöpfe, 19 kleine Mundharmonikas, 11 lange Pfeifenrohre, 4 Brillen mit Futteral.

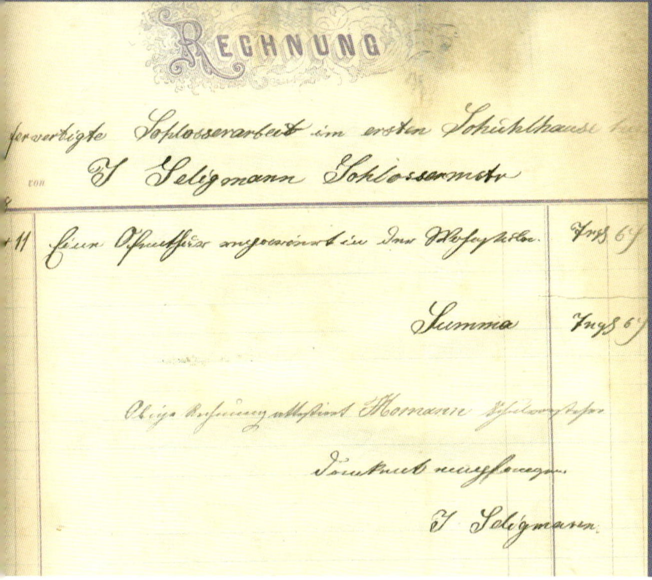
Rechnung

J. Seligmann Schlossermstr

Summa

J. Seligmann

◂ Jacob Seligmann, einer der Söhne von Feissel und Rebekka Seligmann, der in Linden volljährig wurde, war nicht mehr auf die genannten Berufe festgelegt. Er kehrte in seinen Heimatort zurück und war 1868 als Schlossermeister tätig.

Den Schutzjuden war jeweils der Ort zugewiesen, in dem sie sich niederzulassen hatten. Unter den Schutz fiel der Jude *„mit seinem Weibe und unverheyrateten Kindern, eigenen Hausgenossen und Haabseligkeit“*[4]. Starb der Schutzbrief-Inhaber, waren seine Frau und seine Kinder in der Regel schutzlos. Der Schutzbrief konnte von einem alternden oder verstorbenen Inhaber an nur einen einzigen männlichen Nachkommen übergeleitet werden.

1794 erhielt der Hokenhändler Schmuel Aron aus Demmelsdorf bei Bamberg einen „Schutzbrief“, der ihm mit seiner Frau, Betty Goldschmidt aus Gehrden, den ständigen Wohnsitz Ronnenberg gestattete. Als Familiennamen wählten sie später „Seligmann“. Das Ehepaar hatte sechs Kinder.

4 NLA Hannover 74 Linden 792.

Die beiden Söhne Feissel und Aron blieben in Ronnenberg. Im Schutzbrief waren die Juden weitgehend auf den Erwerbszweig der Pfandleihe und des Geldverleihs eingeschränkt. Erlaubt waren ihnen außerdem das Schlachten zum Eigenbedarf und der Viehhandel, und zwar aus Rücksicht auf die rituellen Speisevorschriften der jüdischen Religion. Teile der Schlachttiere, die sie nicht selber brauchten, weil sie ihnen zum Verzehr nicht erlaubt waren, durften sie öffentlich verkaufen. So kam es, dass Schmuel Seligmann und seine beide Söhne als Viehhändler, Schlachter und Kaufleute in Ronnenberg tätig waren. Ihre Berufe gaben sie weitgehend an die folgende Generation weiter, bis Mitte des 19. Jahrhunderts die Juden die Gleichberechtigung erhielten und ihre Berufe frei wählen konnten.

Feissel Seligmann, der älteste Sohn, auf den der Schutzbrief des Vaters offenbar übergegangen war, starb bereits 1855, seine Frau Rebekka im Jahr darauf. Die sechs unmündigen Kinder kamen zu Verwandten in Ronnenberg, Gehrden, Linden und (Bad) Münder.

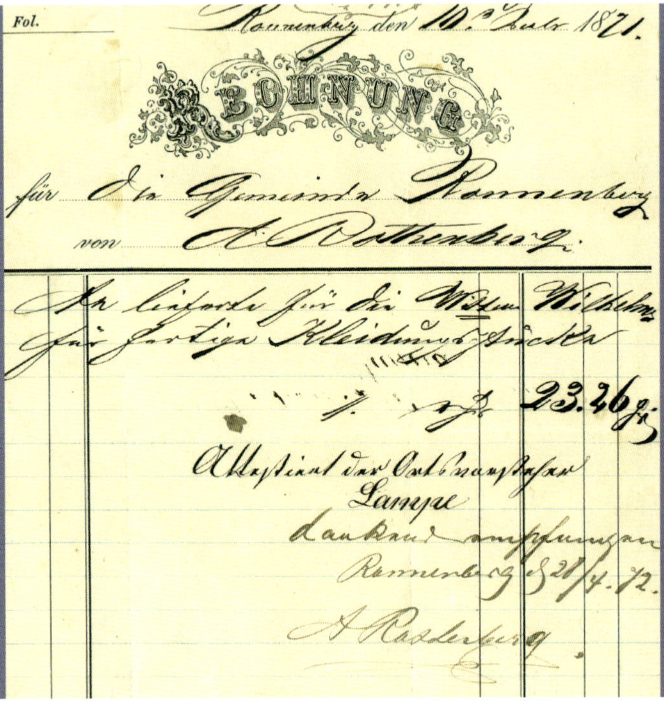

Fol.

Ronnenberg den 10. Juli 1871.

RECHNUNG

für die Gemeinde Ronnenberg

von A. Rothenberg

An lieferte für die Witwe Wilhelm für fertige Kleidungsstücke

23.26 gr.

Attestirt der Ortsvorsteher Lampe

dankend empfangen Ronnenberg d. 20/4. 72.

A Rothenberg

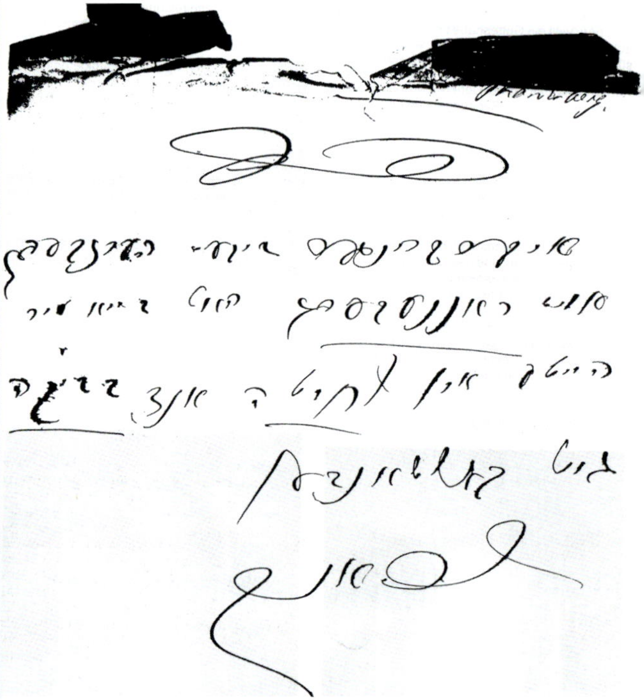

▲ Nach dem Tode Aron Seligmanns heiratete seine Witwe Rosette den Kaufmann Abraham Rothenberg aus Arholzen. 1871 lieferte er „fertige Kleidungsstücke“ an die Gemeinde Ronnenberg.

▲ Adolf Herzberg aus Halberstadt legte um 1872 bei Philipp Seligmann seine Prüfung als Schächter (Schochet) ab. Das Zeugnis ist auf jiddisch in hebräischer Schrift verfasst.

Mentzel und v. Lengerke's
verbesserter
landwirthschaftlicher
Hülfs- und Schreib-Kalender
auf das Jahr
1887.
Vierzigster Jahrgang.

Herausgegeben von:
Dr. Hugo Thiel, Geh. Ober-Reg.-Rath u. vortrag. Rath im K. Ministerium f. Landwirthschaft, Domainen und Forsten in Berlin,
und
Dr. Emil von Wolff, Professor an der K. Ldw. Akademie und Vorstand der Landw. Versuchs-station zu Hohenheim.

Erster Theil.

(Nachdruck wird gerichtlich verfolgt.)

BERLIN.
VERLAG VON PAUL PAREY.
Verlagshandlung für Landwirthschaft, Gartenbau und Forstwesen.
1887.

▲ Philipp und Simon Seligmann, zwei Söhne von Aron Seligmann, betrieben um 1875 einen Viehhandel und eine Schlachterfirma. 1887 notierte der Landwirt August Fricke aus Ihme in seinem Landwirtschaftlichen Kalender mehrere Geschäfte mit ihnen. Am 8. April, dem christlichen Karfreitag und dem Beginn des jüdischen Pessachfestes, verkaufte er 6 Bullen zum Preise von 1110 Mark an Philipp Seligmann. Am 8. September erwarb Simon Seligmann für 180 Mark 1 Rind.

# Kirche und Synagoge

▲ Pastoren der Michaeliskirche in Ronnenberg (Bild) waren als Superintendenten auch für die Evangelische Kirche in der selbständigen Calenberger Neustadt vor Hannover zuständig.

Feindliche Kampagnen gegen das Judentum, die es schon immer gegeben hatte, nahmen im römischen Reich zu, nachdem das Christentum die Staatsreligion geworden war. Seit Ende des 4. Jahrhunderts mehrten sich die Versuche, die Juden durch Zerstörung der Synagogen und Zwangstaufen gewaltsam zu bekehren. 1588, zur Zeit der Reformation, verbot der Rat der Stadt Hannover den Handel zwischen Christen und Juden. Ihrer Existenzgrundlage beraubt, zogen die Juden in die Neustadt vor Hannover (heute: Calenberger Neustadt in Hannover), wurden vertrieben und wieder zugelassen. Die Neustadt gehörte zur evangelischen Superintendentur Ronnenberg, die sich außer über Ronnenberg und die Neustadt auch über das Stift Barsinghausen, Gehrden, Hohenbostel, Kirchdorf, die Vogtei Langenhagen, Lenthe, Leveste, Linden, das Stift Wennigsen und Wettbergen erstreckte.

Eine jüdische Gebetsstätte, die in der Neustadt errichtetet worden war, versetzte kirchliche Würdenträger des Calenberger Landes in Harnisch[5]. Sie beschwerten sich beim Konsistorium in Wolfenbüttel, dass die Juden *„auf der Neustadt vor Hannover"* einen *„Tempel"* hätten. Am 1. Februar 1613 wandte sich der Ronnenberger Superintendent Magister Wichmann Schulrabe an das Konsistorium: erst 1593 sei in der Calenberger Neustadt *„der Tempel destruiert und abgeschafft"* worden, und Herzog Heinrich Julius habe dort die Judenhäuser *„der Kirche gnädiglich zugeeignet"*. Noch im selben Jahr wurde auch dieses zweite jüdische Gebetshaus in der Neustadt zerstört.

5 NLA Hannover Cal Br. 23 Nr.556.

▲ Magister Wichmann Schulrabe auf einem Epitaph in der Ronnenberger Michaeliskirche, das er 1609, nach dem Tode seiner Frau, hatte anbringen lassen: *„Ich bin der Wichmann Schulrabe, geboren in der Stadt Hannover, und hatte den Titel ‚Magister'. Ich war Pastor [Hirte] der Schafe Christi und gewissenhafer Superintendent."*

▸ Schreiben des Ronnenberger Superintendenten „M. Wichmannus Schulrabius" an das Konsistorium in Wolfenbüttel im Jahre 1613, in dem er sich über die jüdischen Gottesdienste in der Neustadt vor Hannover beschwerte. Erst 1703 wurde wieder eine Synagoge in der Neustadt errichtet.

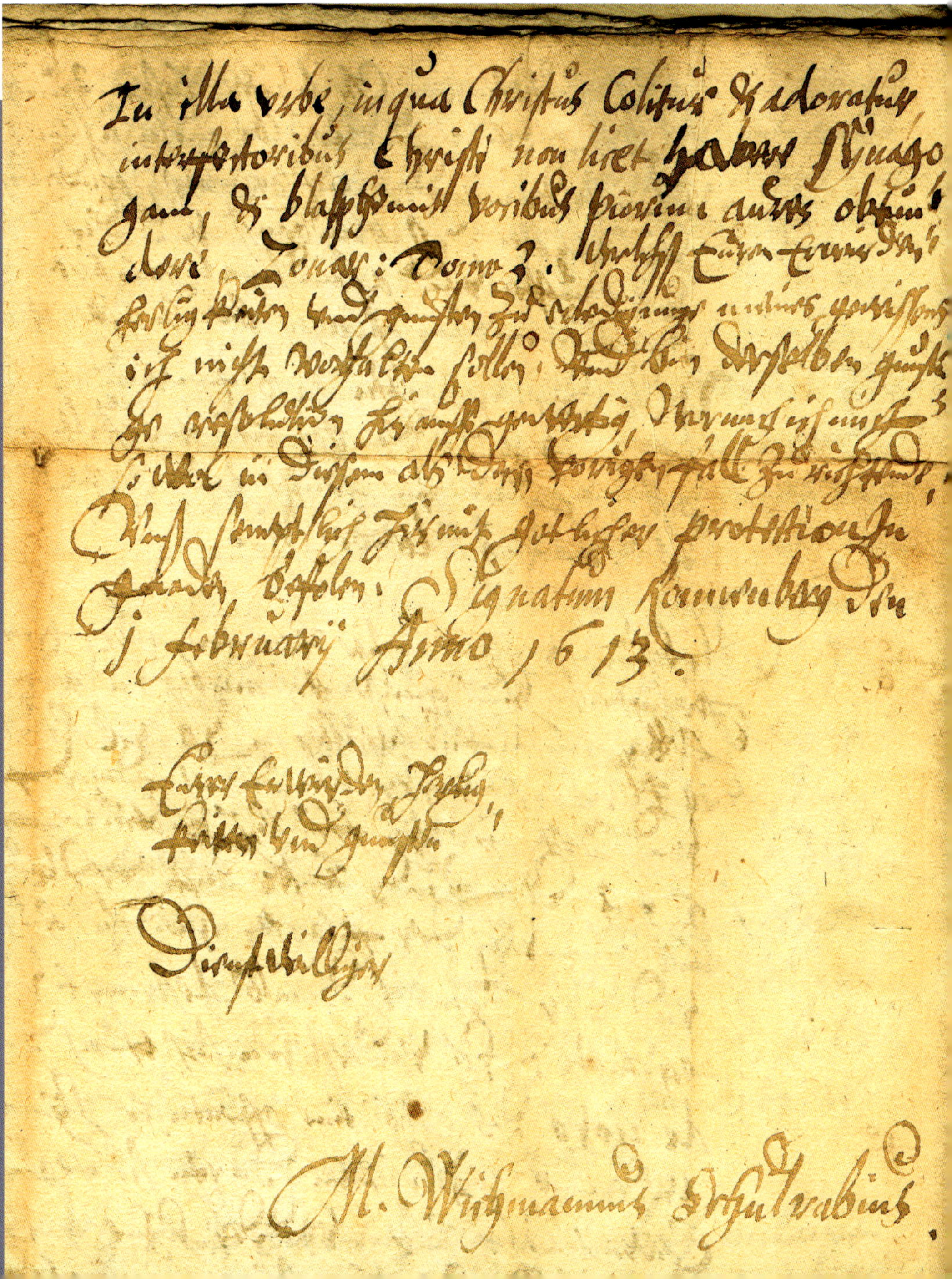
In illa urbe, in qua Christus colitur & adoratur

Signatum Ronnenberg den 1 februarij Anno 1613.

Dienstwilliger

M. Wichmannus Schulrabius

▲ Die Neue Synagoge (Mitte), 1870 in der Calenberger Neustadt errichtet, wurde auch von Ronnenberger Juden besucht; im Vordergrund (rechts) die evangelische Neustädter Hof- und Stadtkirche St. Johannis von 1670, die zur Superintendentur Ronnenberg gehörte. Die Neue Synagoge wurde in der Reichspogromnacht 1938 zerstört.

# Taufe prominenter Juden

▲ Johann Conrad Achaz Holscher war von 1794 bis 1805 Superintendent und Pastor in Ronnenberg. Anschließend wurde er Erster Pastor an der Hof- und Stadtkirche in der Neustadt vor Hannover.

Jahrhunderte lang mussten sich Juden, die Zugang zur christlichen Gesellschaft erhalten wollten, taufen lassen. Im 17. Jahrhundert soll ein Rabbiner aus Frankfurt/Main namens Aaron Israel in der Ronnenberger Michaeliskirche getauft worden sein. Bissig bemerkte im 19.Jahrhundet der Schriftsteller Heinrich Heine, der selber vom Judentum zum Christentum übergetreten war: *„Der Taufzettel ist das Entréebillet zur europäischen Kultur."* Damals assimilierten sich zahlreiche, insbesondere prominente, Juden in der nicht-jüdischen Gesellschaft. Manche von ihnen ließen sich taufen.

Zum Beispiel die Familie Lazarus Stieglitz aus Arolsen in Nordhessen. Lazarus und Friederike Stieglitz hatten vier Söhne und zwei Töchter.[6]

6 Stieglitz, Olga, Die Stieglitz aus Arolsen, Museumshefte Waldeck-Frankenberg 22, Bad Arolsen 2003.

◂ An diesem Taufstein in der Michaeliskirche, der aus dem 17.Jahrhundert stammt, wurden mehrere Juden getauft.

Der älteste Sohn, Israel Stieglitz (geb. 1767), Doktor der Medizin, der mit dem Schriftsteller und Staatsmann Wilhelm von Humboldt befreundet war, ließ sich 1789 als Arzt in Hannover nieder. Am 13. November 1800 erhielten er, seine Frau, Jente Ephraim (geb. 1766), und die beiden Söhne Ludwig und Adolph durch den Ronnenberger Pastor und Superintendenten Johann Conrad Achaz Holscher in der Michaeliskirche die Taufe.[7] Ihre neuen, christlichen, Vornamen waren nun: Johann, Jeanette Sophie, Carl Ludwig und Wilhelm Adolph. Als Zeuge anwesend war u.a. der Konsistorialrat Dr. theol. Johann Christoph Salfeld, Abt des Klosters Loccum. Nach der Taufe stand Johann Stieglitz die Karriere in der christlichen Gesellschaft offen. 1802 wurde er Hofmedicus in Hannover, 1806 erster Leibmedicus und 1820 Hofrat.

Levi (geb. 1779), das jüngste der sechs Stieglitz-Kinder, lebte seit 1793 beim Bruder Israel Stieglitz in Hannover, der ihn auf das Ratsgymnasium schickte. Um 1800 holten ihn die beiden anderen Brüder, Naphtali (nun Nikolaus bzw. Nikolai) und Benjamin (nun Bernhard bzw. Boris), nach Rußland. Dort wurde ihm eine bedeutende Zukunft als Geschäfts- und Handelsmann vorausgesagt. Allerdings war er noch der *Jude* Levi Stieglitz. 1803 reiste er nach Deutschland und ließ sich am 11.Juli 1803 von Holscher in Ronnenberg taufen.[8] Offen-

7 Biester, Matthias, Privatarchiv.

8 Ebd.

Johann Stieglitz

Ludwig Stieglitz

bar hatte er gehofft, dass die Taufe insgeheim, und zwar in der Wohnung des inzwischen christlichen Bruders Johann, vollzogen werden könne. Aber Salfeld legte dem Ronnenberger Superintendenten entschieden nahe, die Taufe in der Kirche vorzunehmen. Immerhin war er einverstanden, dass sie nicht ins Kirchenbuch eingetragen wurde, da *„Gründe einer öffentlichen Bekanntmachung entgegen stehen"*. Als Christ konnte Ludwig Stieglitz, wie er nun hieß, in Russland aufsteigen. U.a. gründete er das St. Petersburger Bankhaus Stieglitz & Co., das eine grundlegende Rolle bei der Herausbildung des zaristischen Finanzsystems spielte. Er wurde zum Hofbankier ernannt und 1826 in den erblichen russischen Freiherrnstand erhoben.

Drei Jahre nach der Taufe des Levi Stieglitz in Ronnenberg zog auch Emilie Stieglitz, eine der beiden Schwestern, nach Rußland. Zuvor wurde sie mit ihrer Mutter, Friederike Stieglitz, getauft. Die Taufe wurde ebenfalls im Stillen vollzogen, jedoch nicht in der Kirche, sondern im Hause des Johann Stieglitz in Hannover.

Grabstätte des Johann Stieglitz auf dem Neustädter Friedhof in Hannover.

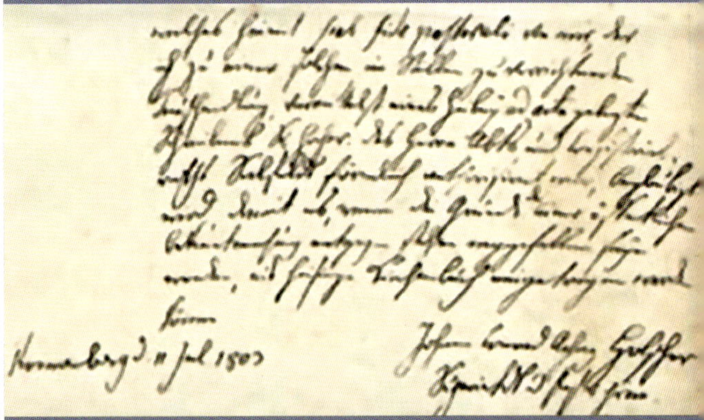

Die Taufe des Ludwig Stieglitz fand im Stillen statt. Sie wurde nicht ins Kirchenbuch eingetragen, sondern auf dieser Urkunde von 1803 festgehalten.

# Zeugen aus Stein

Auf den Straßen von Ronnenberg finden sich auch noch heute sichtbare Zeugen der jüdischen Vergangenheit: Steine, die von einer 150jährigen Geschichte erzählen.

- Das Fachwerkhaus 70 (85), heute Kirchtor 3, gehörte dem Händler Samuel Seligmann. Sein Sohn Feissel baute es um 1850 um. Das Bild zeigt die Fassade um 1900, die später verändert wurde.

- Aron Seligmann, Feissel Seligmanns Bruder, errichtete das Haus 56, heute Empelder Straße 2, in dem seit 1914 die Familie Franz Seligmann wohnte. Das Bild wurde um 1930 aufgenommen.

▲ Lina Cohen und ihr Sohn Iwan Cohen haben um 1915 das Geschäftshaus 116, heute: Über den Beeken 15, erbaut. Das Foto entstand in den 1920er Jahren.

▲ Siegfried Seligmann hatte das Haus 233, heute Velsterstraße 2, im Jahre 1911 geerbt. Das Foto stammt aus dem Jahre 1930. Heute residiert dort das Standesamt der Stadt Ronnenberg.

Um 1920 gehörte das Haus 230, heute Benther Straße 8, der Familie Harry Seligmann. Der Familienvater war ein Bruder von Max und Rosa Seligmann.

Die Familie Siegmund Seligmann lebte seit 1911 im Elternhaus 33, heute Lange Reihe 11. In der Außenansicht ist es weitgehend erhalten.

▲ Gründlich umgebaut ist das Haus 124, heute: Über den Beeken 11, das Max und Rosa Seligmann von ihrem Vater Adolph Seligmann übernommen hatten.

◂ Julius und Minna Deichmann waren 1895 zur Miete im Haus 22 gemeldet – auf dem Hof Biester (In der Veddel), der heute völlig umgebaut ist. 1927 zogen sie nach Eschwege, in die Heimat der Frau.

◂ Der Arzt Dr. Julius Philippsohn war der Besitzer des Hauses Empelder Straße 1, wo er auch seine Praxis unterhielt. Das Foto wurde in den 1930er Jahren aufgenommen.

# Sterne

Der sechsstrahlige Davidsstern, der „Magen David“, ziert die Flagge des Staates Israels. Auch im kreisrunden Giebelfenster des Hauses Am Kirchhofe 8 in Ronnenberg ist er zu sehen. Jedoch haben hier nie Juden gewohnt. Das Gebäude wurde als Schul- und Küsterhaus seit 1860 von der Kirche errichtet – nach Plänen des evangelischen Konsistorialbaumeisters Wilhelm Conrad Hase. Fast ähnlich sieht das Rundfenster im Organistenhaus Am Kirchhofe 6 aus, das ebenfalls nach Hase-Plänen entstand. Sein Symbol ist jedoch nicht der Davidstern, sondern das Kreuz.

Davidstern und Kreuz – gewiss kein Zufall. Aber der historische Hintergrund vom Kirchhofe läßt sich nicht klären. Ein Stern ist indes auch im Fußboden des ältesten jüdischen Haus Ronnenbergs abgebildet, das zehn Jahre vor Hases Tätigkeit von Feissel Seligmann umgebaut worden war. Der Mosaik-Stern, ebenfalls in einen Kreis eingefügt, ist jedoch achtstrahlig. Dieselbe Sternform ist auch auf dem Grabstein der Familie zu sehen.

Die Sternmotive haben keinen unmittelbaren Bezug zur jüdischen oder christlichen Religion. Bei den Juden erschien der sechsstrahlige Stern, soweit bekannt, zum ersten Male im 15. Jahrhundert auf einer öffentlichen jüdischen Feier, und zwar in Prag.

Aber warum sind die Sterne der Familie Feissel Seligmanns achtstrahlig und nicht sechsstrahlig? Womöglich reicht der Grund bis in den spanischen Islam zurück; die Sephardim, die spanischen Juden, haben den achtstrahligen Stern offenbar aus dem Islam übernommen. Bei den spanischen Mauren war der achteckige Stern ein beliebtes Symbol. Achtzackig ist beispielsweise der Grundriss des berühmten Löwenhofes, der als Herz der Alhambra in Granada gilt. Die sephardischen Juden, die von Spanien und Portugal die europäische Westküste entlang bis in die Niederlande und nach Altona gelangten, gestalteten das Motiv auf ihre Weise mit hebräischen Zeichen.

Die Familie von Feissel Seligmann hatte tatsächlich Beziehungen zum Sephardentum. Mit seiner christlichen Lebensgefährtin, Caroline Meyer aus Rodenberg (Grafschaft Schaumburg/ Kurfürstentum Hessen), hatte Feissel Seligmann zwei uneheliche, getaufte, Söhne, die in *„verbotenem Umgang“* gezeugt worden waren[9]. Zusammen wollten die Eltern in Ronnenberg *„zum Wohle der Kinder“* eine jüdische Familie gründen. Doch in Hannover, das nicht zum sephardischen sondern zum askenasischen Bereich gehörte, hatte der Landrabbiner ein Problem mit dem Wunsch der Christin aus dem hessischen Kurfürstentum und fragte bei der Landdrostei nach, die dann eine Heirat untersagte. In ihrer Not ist Caroline Meyer mit den beiden Söhnen Carl und August Ernst und womöglich auch mit Feissel Seligmann zu den Sepharden nach Rotterdam gereist, wo der sephardische Rabbiner Abraham sie in das Judentum aufnahm.[10] Als Juden kehrten die Mutter, die nun Rebekka Abraham Meyer hieß, mit ihren beiden Söhnen, nun Isaak und Jacob, nach Ronnenberg zurück. So konnten sie mit dem Vater Feissel eine jüdische Familie gründen, zu der dann schließlich sechs Kinder gehörten.

9 NLA Hannover Hann. 80 Nr.12974.

10 StA Bu H2, Nr.772 (Staatsarchiv Bückeburg).

Achtzackiger Stern im Fußboden des ältesten jüdischen Hauses in Ronnenberg, Kirchtor 3

Achtzackiger Stern im sephardischen Museum in Cordoba

Der Davidsstern im Giebelfenster des Schul- und Küsterhauses Am Kirchhofe 8

Das Kreuz im Giebelfenster des Organistenhauses Am Kirchhofe 6

▾ Zur Zeit des Naziterrors wurde der Davidsstern in einer abgewandelten Version verwendet und den Juden zwangsweise als Teil der Kleidung auferlegt. Vorbild dieses so genannten „Gelben Judensterns“ war offenbar der „Gelbe Fleck“, mit dem sich Juden im Mittelalter den Christen kenntlich machen mussten. (s.S. 84)

◂ **Einen achtstrahligen Stern trägt das Grabmal von Feissel und Rebekka Seligmann auf dem jüdischen Friedhof Am Weingarten, nahe der Velsterstraße.**

# Alltag

# Szenen 1890 - 1933

▴ Philipp Seligmann, das älteste Kind von Aron Seligmann, heiratete nach dem Tode seiner ersten Frau erneut. Seine zweite Frau (Bild) war Marianne Frank aus Merbeck (Fürstentum Schaumburg-Lippe).

Die Juden von Ronnenberg nahmen um die Jahrhundertwende engagiert am öffentlichen Leben teil. Sie hatten viele Beziehungen zu den Nachbarn durch Geschäft, Gewerbe und den damit verbundenen Handel. Auch wenn sie religiös eine Gemeinschaft bildeten, die gegenüber der christlichen Umwelt abgegrenzt war, so wirkten sie doch in bürgerlichen Vereinen mit und leisteten soziale Arbeit.

Fritz G. Cohen[1], der heute in den USA lebt, berichtete über seine Mutter: *„Sie war musikalisch sehr begabt, spielte Klavier und begleitete eine Ronnenbergerin, die beruflich sang, auf dem Flügel. Sie schrieb auch Gedichte und war sehr aktiv im Ronnenberger Frauenverein. Dort war sie eine führende Persönlichkeit, hat Feste organisiert, erschien selber auf der Bühne und trug ihre Gedichte vor. Der Frauenverein half Menschen, die in Not waren, besonders Arbeitslosen."*

Religiös gehörten die Ronnenberger Jüdinnen und Juden im 19. Jahrhundert zur Gehrdener Synagogengemeinde. Gegen Ende des 19. Jhs. schrumpfte indes in vielen Landgemeinden und Kleinstädten die Zahl der jüdischen Einwohnerinnen und Einwohner. Sie zogen in die großen Städte, wo sie größere Synagogen, gut eingerichtete Schulen und bessere Berufsmöglichkeiten fanden. Für die Synagogengemeinden auf dem Lande kam eine weitere Schwierigkeit hinzu: Seit der Jahrhundertwende zeigte sich, wie in christlichen Gemeinden, ein Traditionsbruch. Die Jüngeren blieben den Gottesdiensten nicht selten fern.

◂ Die Kaufmannsfamilie Cohen stellte sich nach der Jahrhundertwende dem Fotografen: (v.r.) Martha, Albrecht, Friedrich Jakob (der aus den Niederlanden stammte), Lina, Iwan.

1 Am 9.April 2013 in einem Gespräch mit den Autoren.

Anders allerdings die Ronnenberger Juden: Als die Gehrdener zu Beginn des ersten Weltkrieges ihre Gottesdienste in der Synagoge einstellten, wurde sie von den Ronnenbergern bis etwa 1920 weiterhin genutzt, die dann in Ronnenberg einen Betsaal einrichteten und die „Synagogengemeinde Ronnenberg“ gründeten.

1925 war die Zahl der Juden von Ronnenberg auf 36 angewachsen, obwohl viele der hier geborenen Jüdinnen und Juden im jungen Erwachsenenalter den Ort verlassen mussten; denn fast alle hatten die Berufe der Eltern erlernt. Und mehr als sechs Familien, die Schlachter, Viehhändler und Kaufleute waren, wären auf dem Gebiet der Gemeinde kaum lebensfähig gewesen.

▲ Siegmund Seligmann, der spätere Vorsteher der Synagogengemeinde Ronnenberg, hatte 1910 in Eschweiler die rheinische Jüdin Henriette Stiel geheiratet (Bild). Ihr Sohn, Heinz Seligmann (s. Geburtstagsbild auf der Seite gegenüber), wurde 2015 in Rio de Janeiro 101 Jahre alt.

◄ Iwan Cohen (1.v.r.) hoch zu Ross im Jahre 1930 – beim historischen Festzug Ronnenbergs.

▲ 1932 führte ein Ausflug nach Schierke (Harz): (v.r., stehend) 1. Iwan Cohen, 2. Franz Seligmann, 5. Siegfried Seligmann, 6. Siegmund Seligmann, (sitzend) Harry Seligmann.

▲ 1931, beim 50.Geburtstag von Siegmund Seligmann und seiner Zwillingsschwester Adele Spanier, im Haus von Siegmund Seligmann: Verwandte aus Ronnenberg, Barsinghausen, Enger (Westfalen), Eschweiler, Duisburg-Hamborn, Hannover und Magdeburg..

Angeregt durch manche komische Scenen an den Skatabenden möchte ich versuchen, Euch einiges daraus wiederzugeben.

Zwischen 8 und 10 Uhr erscheinen so langsam nacheinander die herrschaftlichen Aktionäre der Skatkasse. Man fängt grade an, den mehr oder minder guten Kaffee zu schlürfen, und schon bemerken wir bei einigen Herren ein unruhiges Hin- und Herrutschen auf den zum Teil schon morschen Stühlen. Ja, wie ist es denn heute mit dem Skat, fängt der eine an. Wollen wir denn heute garnicht mehr arbeiten, sagt der/~~andere~~ zweite. Nachdem noch schnell einige Bemerkungen über den letzten Schnellzug gemacht sind, setzt man sich mit affenartiger Geschwindigkeit an den Skattisch. Nach einigem Hin und Her findet sich jemand zum Augeben und die Sache nimmt ihren Lauf. Doch, mit des..........
Grand! contra! re! und schon hat der Dr. - 800 aufgebrummt bekommen. Resigniert hört man sein" Ja, ja, ja. und er findet sich mit Würde in das Unvermeidliche. Und jetzt fängt das Spiel an, interessant zu werden. also aufpassen!

Herr Dr. ertönt es vom Nachbartisch, mein Mädchen hat solche Rückenschmerzen, wissen Sie nichts dafür? Franz spielt einen Grand, Fips pass auf, ich habe contra gesagt, schlaf nicht! : Ja, gegen die Rückenschmerzen will ich Ihnen mal etwas aufschreiben. Herr Dr. für 20 000.-- Mk. m ü s s e n Sie das Haus kaufen, es ist geschenkt billig Herr Dr. sehen Sie mal schnell, was ich am Auge habe, kann das wohl gefährlich werden? Herr Dr. sehen mal bitte meinen Finger an, der tut so weh! Spielt doch dieser Mensch Karo! Siegfried, wie kannst Du nun Karo nachspielen!" Töffel, das Spiel war nicht zu verlieren! So ein Teepott muss Karo spielen, Schlafmütze!! Mit so einem Anfänger muss man sich hinsetzen!!! Franz freut sich siegesbewusst über den gewonnenen Solo ohne Vier und wir sehen, wie er sich stillvergnügt die Hände reibt. Doch nicht lange soll seine Freude dauern, denn schon ist er mit mächtigem Getöse von der Bildfläche verschwunden. Selbst Erna ist aufgewacht und fragt ganz entsetzt nach dem Verbleib ihres Mannes- Wir suchen ihn und ziehen ihn unter Stuhltrümmern hervor. Schon ertönt Siegfr. Kommandostimme: Alma, wie kannst Du solchen Stuhl herstellen!!. Nachdem der Dr. einen Notverband angelegt hat und der Stuhl gegen einen sonntäglichen ausgewechselt ist, nimmt das Spiel seinen Fortgang. Erna hat sich inzwischen wieder zur Ruhe begeben und entschlummert aufs neue.

In den 20er und 30er Jahren trafen sich Mitglieder der Großfamilie Seligmann und der Arzt Julius Philippsohn wöchentlich zum Skat. Auf einer der Silvesterfeten verlas eine Beobachterin ihre Aufzeichnungen über „manche komische Szenen".

▲ Das Geld, das beim Skat einkam, wurde meist bei gemeinsamem Urlaub an der Nordsee ausgegeben. Das Bild zeigt: (v.l.) 6. Franz Seligmann, 8. Iwan Cohen, 9. Siegfried Seligmann, am Ende: Siegmund Seligmann.

# Aufstieg der NSDAP

Während der Weltwirtschafskrise seit 1927 konnte die Nationalsozialistische Deutsche Arbeiterpartei (NSDAP) schnell aufsteigen. Am 20. Mai 1928 erreichte sie bei den Reichstagswahlen zwar nur 2,6 Prozent der Stimmen, und in Ronnenberg und seiner Umgebung lag das Ergebnis noch etwas darunter: 2,4 Prozent.

Doch bei den Reichstagswahlen vom 31. Juli 1932 kam die NSDAP bereits auf 37,3 Prozent. Damit war sie die stärkste Partei im Reichstag geworden. In der Gemeinde Ronnenberg und Umgebung hatte die Nazi-Partei sogar 41,2 Prozent erhalten. Die NSDAP wurde durch Zweckbündnisse beispielsweise von der Deutschnationalen Volkspartei (DNVP) unterstützt.

**Reichtagswahl 28. Mai 1928**

| Ort/Partei | SPD | KPD | DDP | DVP | DNVP | Zentrum | Welfen | NSDAP | Summe |
|---|---|---|---|---|---|---|---|---|---|
| Benthe | 101 | - | 13 | 23 | 52 | 4 | 22 | 6 | 221 |
| Empelde | 359 | 34 | 21 | 63 | 53 | 5 | 32 | 5 | 572 |
| Ihme-Roloven | 93 | - | - | 17 | 10 | - | 24 | 2 | 146 |
| Linderte | 66 | 1 | 2 | 4 | 29 | - | 24 | 15 | 141 |
| Ronnenberg | 574 | 182 | 59 | 89 | 89 | 19 | 161 | 10 | 1183 |
| Vörie | 24 | - | - | 5 | 16 | - | 9 | - | 54 |
| Weetzen | 278 | 17 | 27 | 30 | 38 | 10 | 38 | 28 | 466 |
| Summe | 1495 | 234 | 122 | 231 | 287 | 38 | 310 | 66 | 2783 |
| v.H. | 53,7 | 8,4 | 4,4 | 8,3 | 10,3 | 1,4 | 11,1 | 2,4 | 100 |

**Reichtagswahl 31. Juli 1932**

| Ort/Partei | SPD | KPD | DDP | DVP | DNVP | Zentrum | Welfen | NSDAP | Summe |
|---|---|---|---|---|---|---|---|---|---|
| Benthe | 213 | 27 | 2 | - | 31 | - | 3 | 136 | 412 |
| Empelde | 295 | 80 | 8 | 9 | 36 | 8 | 12 | 290 | 738 |
| Ihme-Roloven | 98 | 30 | 2 | - | 19 | 3 | 3 | 169 | 324 |
| Linderte | 53 | 10 | - | - | 6 | - | 3 | 82 | 157 |
| Ronnenberg | 424 | 246 | 15 | 4 | 49 | 26 | 39 | 478 | 1281 |
| Vörie | 16 | 3 | - | - | 6 | 1 | - | 56 | 82 |
| Weetzen | 210 | 60 | 5 | 2 | 10 | 4 | 5 | 245 | 541 |
| Summe | 1309 | 456 | 32 | 15 | 157 | 42 | 65 | 1456 | 3532 |
| v.H. | 37,1 | 12,9 | 0,9 | 0,4 | 4,4 | 1,2 | 1,8 | 41,2 | 100 |

◂ Grafiken: Hertel, Peter u.a. [Hrsg.], Ronnenberg: Sieben Traditionen – Eine Stadt, S. 147 f., Ronnenberg 2010

Einen radikalen Antisemitismus suchte der nationalsozialistische Politiker Julius Streicher mit seinem Kampfblatt „Der Stürmer“ in der Bevölkerung zu etablieren. Mit sexueller Thematik und Warnungen vor einer jüdisch-bolschewistischen Weltverschwörung richtete sich die Zeitung auch an Menschen mit wenig Bildung.

▲ Ludolf Haase

Bereits 1927 legte der aus Hannover gebürtige Arzt Ludolf Haase, Leiter des NS-Gaus Hannover-Süd, im „Völkischen Beobachter“, dem Presseorgan der NSDAP, die Leitlinien der Innen- und Judenpolitik seiner Partei dar: *„Rücksichtslos wird alles niedergebrochen werden, was den deutschen Menschen, dessen Wohl in den Mittelpunkt alles Denkens tritt, zu benachteiligen vermöchte. Das Ende fremdrassiger Blutzufuhr wird herbeigeführt durch Ausscheidung des Judentums und Fremdengesetze. Mit voller Wucht hat der Kampf gegen Keimschädigung durch Volksseuchen einzusetzen, der heute überhaupt nicht geführt wird, denn Rassenhygiene gibt es im jetzigen Staat des Geldsacks naturgemäß nicht.“* [2]

---

2 Völkischer Beobachter, 15.März 1927, S.4; zitiert nach Hans-Jürgen Döscher, „Kampf gegen das Judenthum“: Gustav Stille (1845-1920), Berlin 2008, S.92.

▲ Das Hetzblatt „Der Stürmer“ schuf den berüchtigten Typus des geldgierigen und zumeist unrasierten Juden mit langer gebogener Nase und hervorstehenden Augen. Die kurzen und sprachlich einfach verfassten Skandalgeschichten über Rassenschande zwischen jüdischen Männern und „arischen“ Frauen, jüdische Kriminalität oder Ritualmorde wurden von vielen geglaubt.

# Ausgrenzung

# Nach der Machtübertragung

Am 30. Januar 1933 hatte das deutsche Volk die Macht auf Hitler übertragen. Zwei Monate nach Beginn der Nazi-Herrschaft, am 1. April 1933, wurde in Deutschland zum Boykott jüdischer Geschäfte aufgerufen.
1999 erinnerte sich Fritz Cohen, der damals elf Jahre alt war: *„Vor unserem Textilgeschäft standen am 1. April infantrierte SA-Posten, die von auswärts gekommen waren. Sie hinderten jeden Käufer am Eintreten. Meine Großmutter und meine Eltern wurden aufgefordert: ‚Ihr müsst euer Geschäft einen Tag lang schließen.'"*[1]
Franz Seligmann (Jahrgang 1877) berichtete 1954, am Geschäft der Familie sei ein Plakat angebracht worden mit der Aufschrift „Die Juden sind unser Unglück". Nach dem Boykott und der Kündigung von Lieferverträgen seien die Einnahmen um mehr als 50 Prozent zurückgegangen.[2]

Im Mai 1933 trieb die „Deutsche Studentenschaft" (DSt) vereint mit dem „Nationalsozialistischen Deutschen Studentenbund" (NSDStB) eine „Aktion Bücherverbrennung" voran. Die Aktion richtete sich nicht nur gegen Werke jüdischer, sondern auch marxistischer, liberaler und pazifistischer Literaten und Dichter. In diesem Zusammenhang berichtet Fritz Cohen: *„Ganz lebhaft erinnere ich mich an einen Herrn aus dem Orte, der in einer führenden Position der KPD war und draußen in der Kolonie wohnte. Er kam im Frühling 1933 zu uns. Ich musste das Zimmer verlassen und erfuhr erst später, was er gesagt hatte: er war in Ronnenberg inhaftiert und in das Schutzhaftlager Moringen gebracht worden. Dort erschien ein junger Mann aus Ronnenberg, ein SS-Mann, der auf ihn einschlug, ihn misshandelte. Ich kenne seinen Namen. Diese Geschichte hat sich mir eingeprägt."*[3]

1 Gespräch mit den Autoren, a.a.O.
2 NLA Hannover Nds. 110 W Acc. 14/99, Nr.100761.

3 Hertel, Peter, Die Juden von Ronnenberg, Teil 2: 1933-1939-2012, Ronnenberg 2012, S.59 f.

▲ Ähnlich dem Archivbild war es auch in Ronnenberg: Vor vier jüdischen Geschäften standen bewaffnete SA-Leute und blockierten den Eingang.

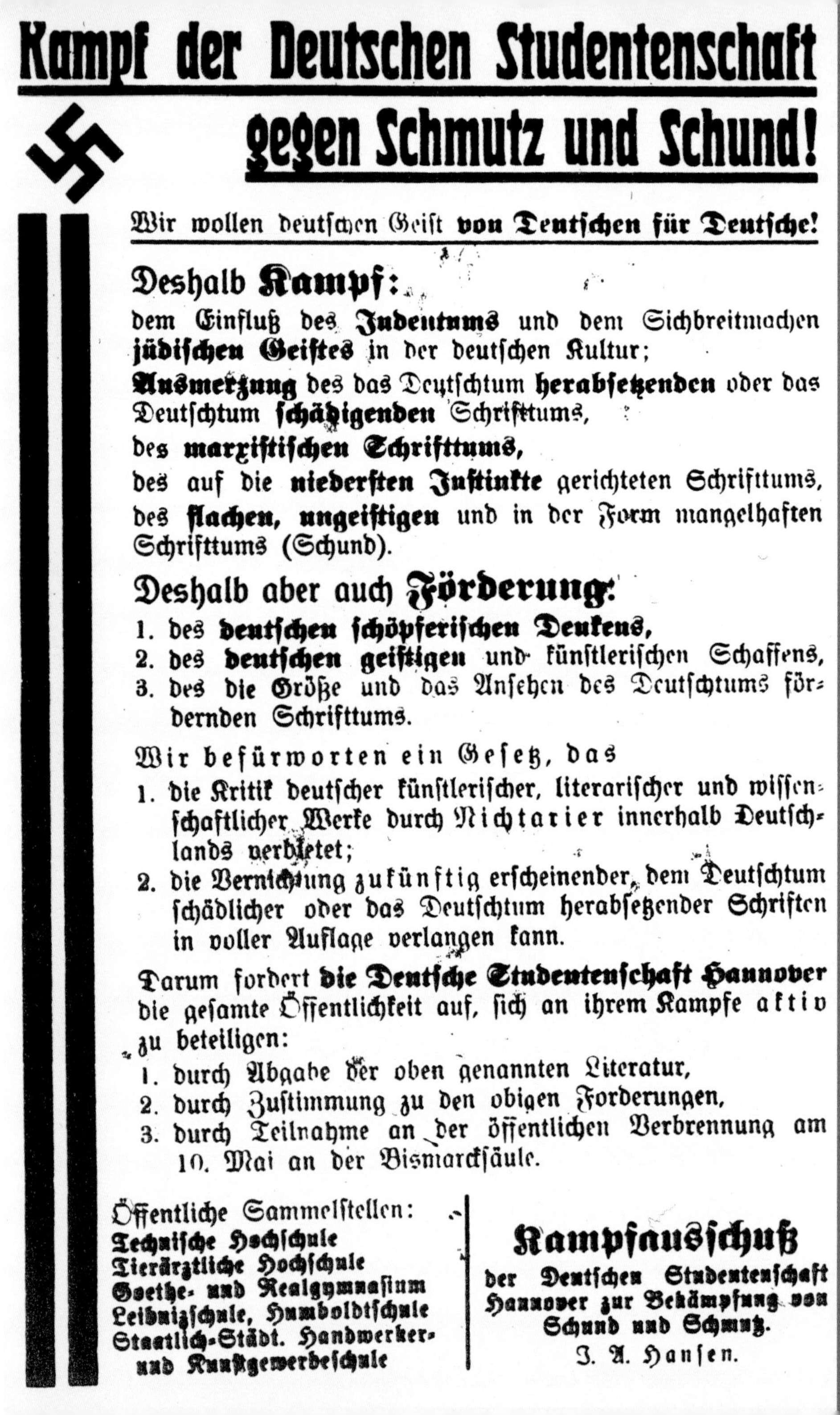

# Kampf der Deutschen Studentenschaft gegen Schmutz und Schund!

Wir wollen deutschen Geist **von Deutschen für Deutsche!**

Deshalb **Kampf:**

dem Einfluß des **Judentums** und dem Sichbreitmachen **jüdischen Geistes** in der deutschen Kultur;

**Ausmerzung** des das Deutschtum **herabsetzenden** oder das Deutschtum **schädigenden** Schrifttums,

des **marxistischen Schrifttums,**

des auf die **niedersten Instinkte** gerichteten Schrifttums,

des **flachen, ungeistigen** und in der Form mangelhaften Schrifttums (Schund).

Deshalb aber auch **Förderung:**

1. des **deutschen schöpferischen Denkens,**
2. des **deutschen geistigen** und künstlerischen Schaffens,
3. des die Größe und das Ansehen des Deutschtums fördernden Schrifttums.

Wir befürworten ein Gesetz, das

1. die Kritik deutscher künstlerischer, literarischer und wissenschaftlicher Werke durch Nichtarier innerhalb Deutschlands verbietet;
2. die Vernichtung zukünftig erscheinender, dem Deutschtum schädlicher oder das Deutschtum herabsetzender Schriften in voller Auflage verlangen kann.

Darum fordert **die Deutsche Studentenschaft Hannover** die gesamte Öffentlichkeit auf, sich an ihrem Kampfe aktiv zu beteiligen:

1. durch Abgabe der oben genannten Literatur,
2. durch Zustimmung zu den obigen Forderungen,
3. durch Teilnahme an der öffentlichen Verbrennung am 10. Mai an der Bismarcksäule.

Öffentliche Sammelstellen:
**Technische Hochschule**
**Tierärztliche Hochschule**
**Goethe- und Realgymnasium**
**Leibnizschule, Humboldtschule**
**Staatlich-Städt. Handwerker- und Kunstgewerbeschule**

**Kampfausschuß**
**der Deutschen Studentenschaft Hannover zur Bekämpfung von Schund und Schmutz.**
J. A. Hansen.

Höhepunkt der „Aktion Bücherverbrennung“ war der 10. Mai: In Berlin und anderen deutschen Hochschulstädten wie Hannover wurden öffentlich „undeutsche“ Schriften verbrannt. Das Plakat zeigt den Aufruf zur Bücherverbrennung an der Bismarcksäule in Hannover.

# Jüdische Familien in Ronnenberg seit 1933

- Lina Cohen mit dem Sohn Iwan Cohen, der Schwiegertochter Alice Cohen und dem Enkelsohn Fritz Cohen.
- Julius und Marie Philippsohn mit dem Sohn Gerd.
- Franz und Erna Seligmann mit den Söhnen Werner und Günther.
- Harry und Frieda Seligmann mit den Töchtern Trude und Hilde sowie seit 1934 dem Neffen Alfred Seligmann aus Goldberg/Mecklenburg.
- Max und Rosa Seligmann.
- Siegfried und Alma Seligmann mit den Töchtern Else und Ursula, dem Onkel Hermann Seligmann und seit 1936 dem Neffen Kurt Frank aus Pattensen.
- Siegmund und Henriette Seligmann mit dem Sohn Heinz sowie seit 1936 mit dem Bruder Julius und dessen Frau Veilchen Alice Seligmann aus Duisburg-Hamborn.

▲ Max Seligmann

▲ Rosa Seligmann

▲ Julius Philippsohn

▲ Alma Seligmann

▲ Siegfried Seligmann

▲ Ursula Seligmann

▲ Heinz Seligmann

▲ Harry Seligmann

◀ Im Blumengarten der Familie Cohen. 1.R.v.l.: Lina Cohen, Frau Ebeling (Mieterin), Fritz Cohen und Alice Cohen. Hinten: Iwan Cohen, Irma Levy (Schwester von Alice Cohen). Im Hintergrund das Haus von Franz Seligmann.

▲ Frieda Seligmann

▲ Henriette Seligmann

# Ausgeschlossen

▲ Fritz Cohen

Schon zwei Monate nach der Machtübertragung von 1933 wurden die Ronnenberger Juden aus der Gesellschaft ausgegrenzt und isoliert. Mitbürger machten ihnen deutlich, dass sie an bestimmten Orten und in Vereinen unerwünscht seien und sie verlassen müssten. Siegfried Seligmann, Franz Seligmann, Julius Philippsohn und Iwan Cohen wurden im selben Jahr aus der Freiwilligen Feuerwehr Ronnenberg ausgeschlossen. Solche Verfemung wirkte in der überschaubaren Gemeinde Ronnenberg, wo man sich täglich begegnete, für die Betroffenen schmerzhafter als in der Anonymität der Großstadt Hannover.

Gleichzeitig begannen wirtschaftliche Sanktionen. Den Viehhändlern, die mit Bauern der Umgebung enge geschäftliche Kontakte pflegten, wurden Lieferverträge gekündigt. Zwar blieb eine Reihe nichtjüdischer Kunden den vier Metzgerläden und dem Textilgeschäft nach dem Boykott vom 1. April 1933 zunächst treu. Aber längst nicht alle. Harry Seligmann hatte bis dahin einen jährlichen Umsatz von 120 000 RM und einen Reingewinn von ca 15 000 RM. Nach dem Boykott von 1933 gingen seine Einnahmen zurück.[4] Franz Seligmann bezifferte den Einnahmeverlust seit dem Boykott auf mehr als 50 Prozent. Er beschäftigte den Fleischergesellen Willi Denecke, der von der SA unter Druck gesetzt wurde, wobei ihm mehrfach die Fensterscheiben eingeworfen werden. Deshalb gab Denecke seine Arbeit in Ronnenberg auf. Dadurch verstärkten sich Seligmanns Probleme.[5] Siegmund Seligmann hatte schon *„gegen Ende des Jahres*

4 NLA Hannover Nds. 110 W Acc. 14/99,Nr.101096.

5 Ebd., Nr.100761.

*1935"* erkannt, dass ihm *„infolge des nationalsozialistischen Regimes"* eine weitere berufliche Tätigkeit als Viehhändler und Schlachter *„unmöglich gemacht"* worden ist.[6]

Fritz Cohen (Jahrgang 1922) erinnert sich: *„Im Sommer fuhr ich gern mit dem Rad ins Schwimmbad Kückenmühle. Von einem zum andern Tag warf mich der Bademeister hinaus. Er sagte: ‚Ab morgen bist du hier nicht mehr erwünscht.'*[7]*"*

6 Ebd., Nr. 101678.

7 Gespräch mit den beiden Autoren, a.a.O.

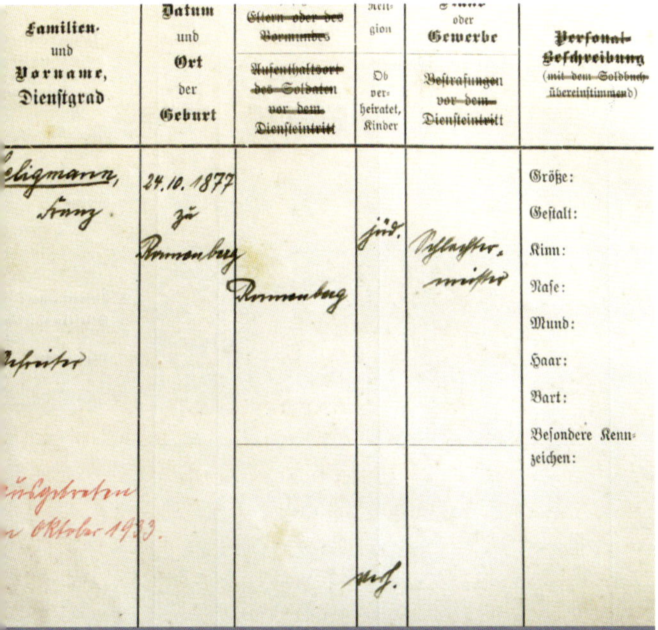

| Familien- und Vorname, Dienstgrad | Datum und Ort der Geburt | ~~Eltern oder des Vormundes~~ / ~~Aufenthaltsort des Soldaten vor dem Diensteintritt~~ | Religion / Ob verheiratet, Kinder | Stand oder Gewerbe / ~~Bestrafungen vor dem Diensteintritt~~ | ~~Personal-Beschreibung~~ (~~mit dem Soldbuch übereinstimmend~~) |
| --- | --- | --- | --- | --- | --- |
| Seligmann, Franz. Gefreiter. ausgetreten Oktober 1933. | 24.10.1877 zu Ronnenberg | Ronnenberg | jüd. / verh. | Schlachter-meister | Größe: Gestalt: Kinn: Nase: Mund: Haar: Bart: Besondere Kennzeichen: |

▲ Die Chronik des Ronnenberger Kriegerverein erwähnt 1933, Franz Seligmann und Iwan Cohen seien aus dem Verein „ausgetreten". In Wirklichkeit wurde ihnen klar gemacht, dass sie ihm nicht mehr angehören könnten.

◄ Franz Seligmann um 1900

◄ Else Seligmann (Jahrgang 1920) im Jahre 1998 gegenüber der Stadt Ronnenberg: *„Es gab viele Ereignisse in unserem Hause, die einen besonderen Eindruck auf uns Kinder machten: Geburtstagsfeiern, Kartenspiele mit den Verwandten, Ausflüge, Ferienreisen usw. Wir hatten eine schöne, sorglose Kindheit. Das änderte sich natürlich nach dem 1. April 1933."*

◄ Julius Philippsohn (Jahrgang 1897) 1945 in einem Bericht: *„Am 1. Juni 1933 wurde mir als Juden die Krankenkassenpraxis gesperrt, so dass mir hierdurch der größte Teil meiner Einnahmen verloren ging. Infolge des Judenboykotts verlor ich im Laufe der folgenden Jahre auch den größten Teil meiner Privatpatienten."*[8]

8 Privatbesitz Philippsohn

# Gleichschritt

Wie überall in Deutschland schwenkte auch in Ronnenberg die nicht-jüdische Bevölkerung weitgehend auf die NS-Ideologie ein. Dass die Nazi-Politik nicht abgelehnt wurde, zeigte sich, als Hitler am 30. September 1934 durch Ronnenberg und Weetzen fuhr und von vielen gefeiert wurde.

▲ Angetreten in Ronnenberg

Die Kirche war schon frühzeitig in die Verherrlichung des „Führers Adolf Hitler“ einbezogen worden. Im August 1933 war in Barsinghausen der Kreiskirchentag des Kirchenkreises Ronnenberg; im neuen Kreiskirchenvorstand waren die Mitglieder nun mehrheitlich „Deutsche Christen“ – eine Bewegung im deutschen Protestantismus, die die Gleichschaltung der evangelischen Kirche mit dem NS-Staat zum Ziel hatte. In der Entschließung des Kreiskirchentages hieß es: *„Dankbar gegen Gott als den Lenker der Geschichte begrüßt er die nationale und soziale Wiedergeburt des deutschen Volkes, die das siegreiche Durchdringen der Bewegung des Volkskanzlers Adolf Hitler zur Folge gehabt hat. Freudig bekennt er sich zu diesem von Gott berufenen Mann und seinem Werk und gelobt ihm unverbrüchliche Treue.“*[9]

9 Deister-Leine-Zeitung, Barsinghausen, 18.August 1933; zitiert nach Hertel, Peter u.a. [Hrsg.], a.a.O, S.152

▲ Auch an Privathäusern in Ronnenberg hingen Hakenkreuzfahnen.

▲ 30. September 1934: Hitler fuhr, stehend im Auto, durch Ronnenberg und Weetzen. Er war unterwegs zum Bückeberg bei Hameln. Bei der Durchfahrt wurde er von vielen begeistert mit dem „deutschen Gruß" (erhobener Arm) bejubelt.

Bereits in der „Volkshauptschule" wurden den Kindern das Bekenntnis zum NS-Staat „eingebrannt" und Hitler als „rettender Volkskanzler" gefeiert. Der Tag des „Führerbesuches" wurde als schulfreier Festtag begangen.

Ganz anders war es bei jüdischen Schülern. Else Seligmann und Fritz Cohen wurden auf ein jüdisches Internat im italienischen Florenz geschickt, weil jüdische Schülerinnen und Schüler zu weiterführenden Schulen nicht mehr zugelassen wurden. Während nichtjüdische Kinder in Deutschland den „Führerbesuch" feierten, wurden dort die jüdischen Schulkinder eingesperrt, als der „Führer" kam. Fritz Cohen erinnert sich: *„Ich glaube, es war im Mai 1938, auf einmal mussten wir ein paar Sachen zusammenpacken und wurden außerhalb von Florenz in ein Gefängnis transportiert. Da saßen wir eine Woche lang fest – tagsüber in Langeweile, von abends sieben bis morgens sieben hinter Gitter geschlossen. Den Grund kannten wir nicht. Erst hinterher haben wir erfahren: Hitler war in Florenz, und wir waren wohl in Schutzhaft genommen worden – als eine Garantie, dass Hitler in Florenz nichts passieren würde."* [10]

---

10 Hertel, Peter, Die Juden von Ronnenberg, Teil 2, a.a.O., S. 62

## Der Führer kommt.

Heute ist schulfrei.
Der Vater geht mit Otto in die Stadt.
Der Führer kommt.
Von allen Häusern flattern die Fahnen.
Die Straßen sind dick voll Menschen.
Sie stehen auf dem Gehsteig.
Sie sitzen auf Bäumen.
Sie klammern sich an den Laternenpfahl.
Otto drängt sich durch die Leute und kommt ganz vorn hin.
Die SA hält Ordnung.

Auf einmal hört Otto Heilrufe. Sie werden stärker. Ein Auto kommt. Der Führer steht aufrecht darin und grüßt nach allen Seiten. Heil, Heil, Heil! ruft Otto. Das Auto fährt langsam um die Ecke.

Otto geht zum Vater zurück und sagt voll Freude:
Ich hab den Führer gesehen!

54

▲ Postkarte, die Fritz Cohen aus Florenz an seine Eltern in Ronnenberg schickte.

◀ Besuch des „Führers" in einer Schule

# Rassengesetze

Die drastischen Maßnahmen gegen die Juden fanden ihre entscheidende rechtliche Grundlage in den „Nürnberger Gesetzen“. Sie wurden während des Reichsparteitages der NSDAP im September 1935 verkündet und bis Ende des Jahres erweitert.

- Juden waren keine Reichsbürger mehr, sondern nur noch „Staatsangehörige“.
- Eheschließungen zwischen „Juden und Staatsangehörigen deutschen und artverwandten Blutes“ wurden verboten.
- Juden durften keine „arischen“ Frauen unter 45 Jahren in ihrem Haushalt beschäftigen.
- Sie durften weder wählen noch ein öffentliches Amt bekleiden.

In die Rassenpolitik des NS-Staates war die 1935 neu organisierte „Reichsstelle für Sippenforschung“ eng verwoben. Sie stieg zur allein zuständigen Stelle bei der Durchführung der „Rassengesetze“ auf. In Ronnenberg forschte sie nach der Familie Rothenberg und ihrem Begründer Abraham Rothenberg. Auskunft erteilte Bürgermeister August Kirchmeyer. Rudolf Rothenberg (geb. 1863 in Ronnenberg), das einzige Kind Abraham Rothenbergs, war um 1900 nach Hannover gezogen. Er wurde 1942 ins „Ghetto Theresienstadt“ deportiert und kam dort ums Leben.

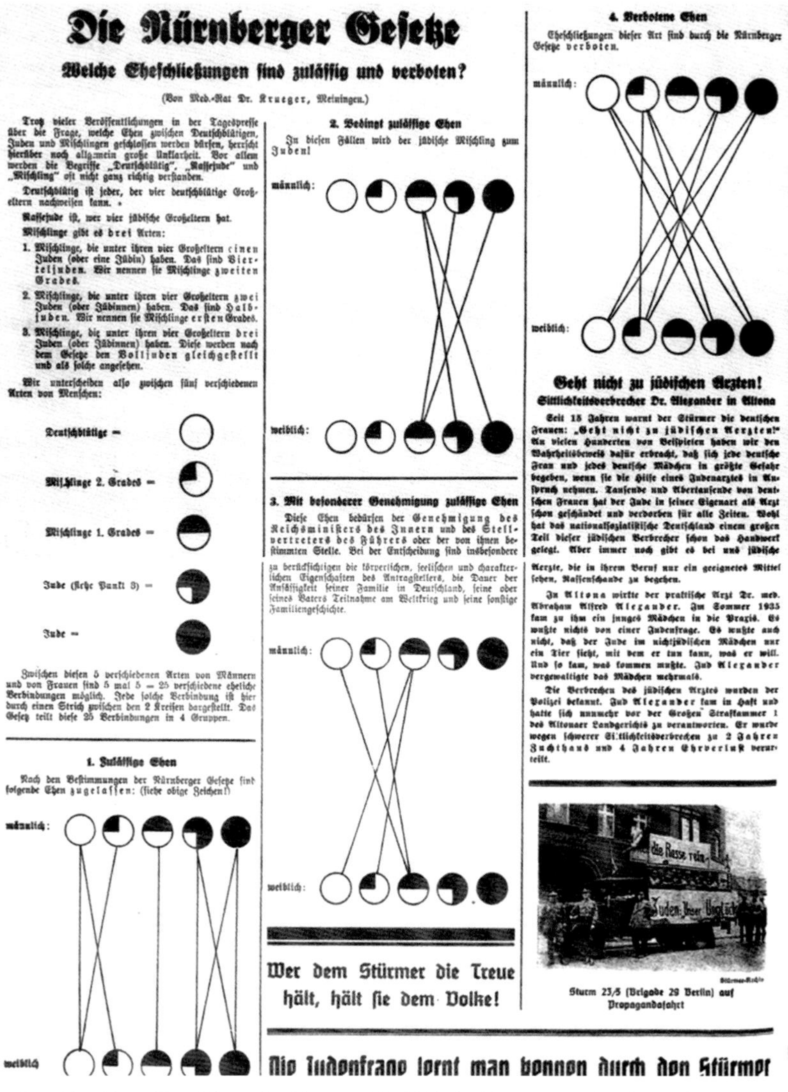

Die Nürnberger Gesetze

Welche Eheschließungen sind zulässig und verboten?

(Von Med.-Rat Dr. Krueger, Meiningen.)

Trotz vieler Veröffentlichungen in der Tagespresse über die Frage, welche Ehen zwischen Deutschblütigen, Juden und Mischlingen geschlossen werden dürfen, herrscht hierüber noch allgemein große Unklarheit. Vor allem werden die Begriffe „Deutschblütig“, „Rassejude“ und „Mischling“ oft nicht ganz richtig verstanden.

Deutschblütig ist jeder, der vier deutschblütige Großeltern nachweisen kann.

Rassejude ist, wer vier jüdische Großeltern hat.

Mischlinge gibt es drei Arten:

1. Mischlinge, die unter ihren vier Großeltern einen Juden (oder eine Jüdin) haben. Das sind Vierteljuden. Wir nennen sie Mischlinge zweiten Grades.
2. Mischlinge, die unter ihren vier Großeltern zwei Juden (oder Jüdinnen) haben. Das sind Halbjuden. Wir nennen sie Mischlinge ersten Grades.
3. Mischlinge, die unter ihren vier Großeltern drei Juden (oder Jüdinnen) haben. Diese werden nach dem Gesetze den Volljuden gleichgestellt und als solche angesehen.

Wir unterscheiden also zwischen fünf verschiedenen Arten von Menschen:

Deutschblütige –

Mischlinge 2. Grades –

Mischlinge 1. Grades –

Jude (siehe Punkt 3) –

Jude –

Zwischen diesen 5 verschiedenen Arten von Männern und von Frauen sind 5 mal 5 = 25 verschiedene eheliche Verbindungen möglich. Jede solche Verbindung ist hier durch einen Strich zwischen den 2 Kreisen dargestellt. Das Gesetz teilt diese 25 Verbindungen in 4 Gruppen.

1. Zulässige Ehen

Nach den Bestimmungen der Nürnberger Gesetze sind folgende Ehen zugelassen: (siehe obige Zeichen!)

männlich:

weiblich:

2. Bedingt zulässige Ehen

In diesen Fällen wird der jüdische Mischling zum Juden!

männlich:

weiblich:

3. Mit besonderer Genehmigung zulässige Ehen

Diese Ehen bedürfen der Genehmigung des Reichsministers des Innern und des Stellvertreters des Führers oder der von ihnen bestimmten Stelle. Bei der Entscheidung sind insbesondere zu berücksichtigen die körperlichen, seelischen und charakterlichen Eigenschaften des Antragstellers, die Dauer der Ansässigkeit seiner Familie in Deutschland, seine oder seines Vaters Teilnahme am Weltkrieg und seine sonstige Familiengeschichte.

männlich:

weiblich:

4. Verbotene Ehen

Eheschließungen dieser Art sind durch die Nürnberger Gesetze verboten.

männlich:

weiblich:

Geht nicht zu jüdischen Ärzten!

Sittlichkeitsverbrecher Dr. Alexander in Altona

Seit 15 Jahren warnt der Stürmer die deutschen Frauen: „Geht nicht zu jüdischen Aerzten!“ An vielen Hunderten von Beispielen haben wir den Wahrheitsbeweis dafür erbracht, daß sich jede deutsche Frau und jedes deutsche Mädchen in größte Gefahr begeben, wenn sie die Hilfe eines Judenarztes in Anspruch nehmen. Tausende und Abertausende von deutschen Frauen hat der Jude in seiner Eigenart als Arzt schon geschändet und verdorben für alle Zeiten. Wohl hat das nationalsozialistische Deutschland einem großen Teil dieser jüdischen Verbrecher schon das Handwerk gelegt. Aber immer noch gibt es bei uns jüdische Aerzte, die in ihrem Beruf nur ein geeignetes Mittel sehen, Rassenschande zu begehen.

In Altona wirkte der praktische Arzt Dr. med. Abraham Alfred Alexander. Im Sommer 1935 kam zu ihm ein junges Mädchen in die Praxis. Es wußte nichts von einer Judenfrage. Es wußte auch nicht, daß der Jude im nichtjüdischen Mädchen nur ein Tier sieht, mit dem er tun kann, was er will. Und so kam, was kommen mußte. Jud Alexander vergewaltigte das Mädchen mehrmals.

Die Verbrechen des jüdischen Arztes wurden der Polizei bekannt. Jud Alexander kam in Haft und hatte sich nunmehr vor der Großen Strafkammer 1 des Altonaer Landgerichts zu verantworten. Er wurde wegen schwerer Sittlichkeitsverbrechen zu 2 Jahren Zuchthaus und 4 Jahren Ehrverlust verurteilt.

Wer dem Stürmer die Treue hält, hält sie dem Volke!



Sturm 23/5 (Brigade 29 Berlin) auf Propagandafahrt

Die Judenfrage lernt man kennen durch den Stürmer

▲ Das Hetzblatt „Der Stürmer“ widmete sich 1936 der Frage, „welche Ehe zwischen Deutschblütigen, Juden und Mischlingen geschlossen werden darf.“ Darüber herrsche „noch allgemein große Unklarheit“.

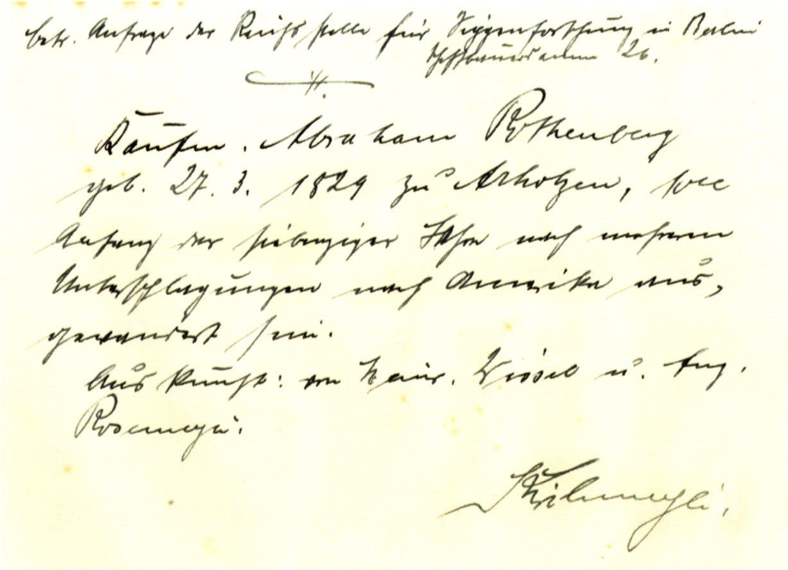

▲ Auskunft von Bürgermeister August Kirchmeyer an die „Reichsstelle für Sippenforschung".

Die „Nürnberger Gesetze" und ihre Auswirkungen verschärften auch die wirtschaftliche Lage der Ronnenberger Juden. Vielerorts war das Blatt „Der Stürmer" in so genannten „Stürmer-Kästen" ausgehängt, so auch in Ronnenberg und Weetzen. Dort wurde u.a. gegen Nicht-Juden agitiert, die mit Juden zusammenarbeiteten und mit ihnen Handel trieben. „Arier", die weiterhin gute Kontakte zu Juden pflegten und mit ihnen Handel trieben, wurden denunziert und öffentlich angegriffen. Dem Arzt Julius Philippsohn war die Kassenzulassung entzogen worden. Doch Patienten kamen bei Einbruch der Dunkelheit durch den Garten zu ihm. Sie wurden von einem Nachbarn fotografiert.

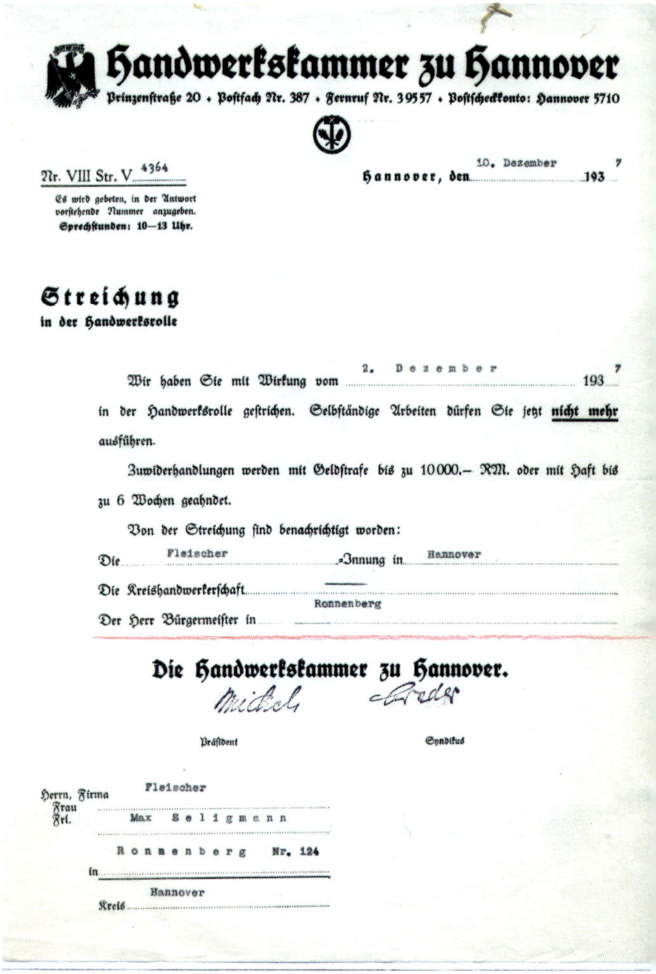

Handwerkskammer zu Hannover
Prinzenstraße 20 · Postfach Nr. 387 · Fernruf Nr. 39557 · Postscheckkonto: Hannover 5710

Nr. VIII Str. V 4364
Es wird gebeten, in der Antwort vorstehende Nummer anzugeben.
Sprechstunden: 10–13 Uhr.

Hannover, den 10. Dezember 1937

**Streichung**
in der Handwerksrolle

Wir haben Sie mit Wirkung vom 2. Dezember 1937 in der Handwerksrolle gestrichen. Selbständige Arbeiten dürfen Sie jetzt **nicht mehr** ausführen.

Zuwiderhandlungen werden mit Geldstrafe bis zu 10000.– RM. oder mit Haft bis zu 6 Wochen geahndet.

Von der Streichung sind benachrichtigt worden:

Die Fleischer-Innung in Hannover
Die Kreishandwerkerschaft ——
Der Herr Bürgermeister in Ronnenberg

**Die Handwerkskammer zu Hannover.**

Präsident Syndikus

Herrn, Firma Fleischer
Frau
Frl. Max Seligmann
in Ronnenberg Nr. 124
Kreis Hannover

▲ Berufsverbot für Max Seligmann

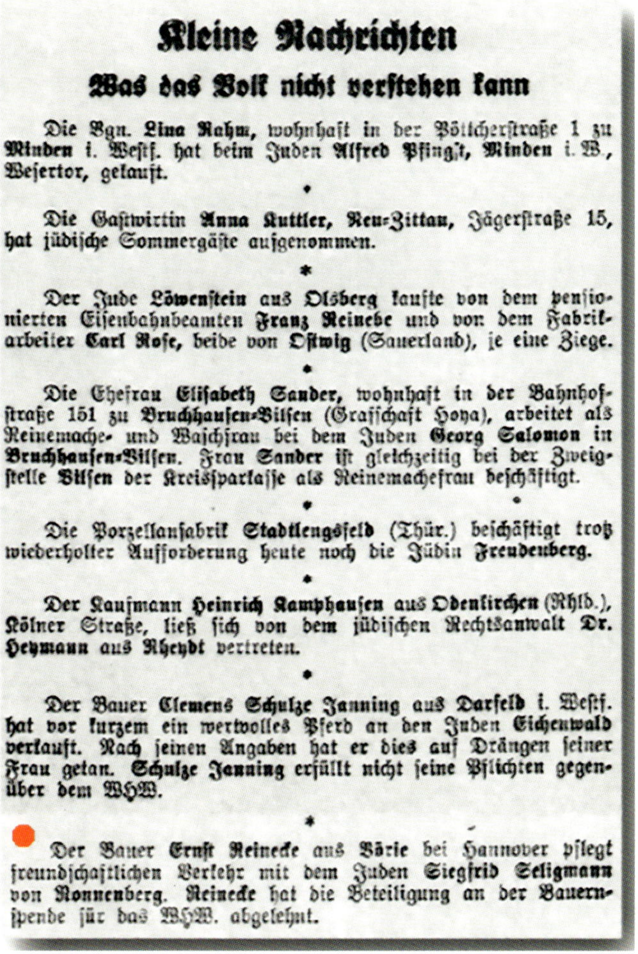

# Kleine Nachrichten

## Was das Volk nicht verstehen kann

Die Vgn. **Lina Rahm**, wohnhaft in der Böttcherstraße 1 zu **Minden** i. Westf. hat beim Juden **Alfred Pfingst, Minden** i. W., **Wesertor**, gekauft.

•

Die Gastwirtin **Anna Kuttler, Neu-Zittau**, Jägerstraße 15, **hat** jüdische Sommergäste aufgenommen.

*

**Der** Jude **Löwenstein** aus **Olsberg** kaufte von dem pensionierten Eisenbahnbeamten **Franz Reinebe** und von dem Fabrikarbeiter **Carl Rose**, beide von **Ostwig** (Sauerland), je eine Ziege.

•

Die Ehefrau **Elisabeth Sander**, wohnhaft in der Bahnhofstraße 151 zu **Bruchhausen-Vilsen** (Grafschaft Hoya), arbeitet als Reinemache- und Waschfrau bei dem Juden **Georg Salomon** in **Bruchhausen-Vilsen**. Frau **Sander** ist gleichzeitig bei der Zweigstelle **Vilsen** der Kreissparkasse als Reinemachefrau beschäftigt.

•

Die Porzellanfabrik **Stadtlengsfeld** (Thür.) beschäftigt trotz wiederholter Aufforderung heute noch die Jüdin **Freudenberg**.

•

**Der** Kaufmann **Heinrich Kamphausen** aus **Odenkirchen** (Rhld.), Kölner Straße, ließ sich von dem jüdischen Rechtsanwalt **Dr. Heymann** aus **Rheydt** vertreten.

•

**Der** Bauer **Clemens Schulze Janning** aus **Darfeld** i. Westf. **hat** vor kurzem ein wertvolles Pferd an den Juden **Eichenwald verkauft**. Nach seinen Angaben hat er dies auf Drängen seiner **Frau** getan. **Schulze Janning** erfüllt nicht seine Pflichten gegenüber dem WHW.

*

Der Bauer **Ernst Reinecke** aus Vörie bei Hannover pflegt freundschaftlichen Verkehr mit dem Juden **Siegfrid Seligmann** von **Ronnenberg**. **Reinecke** hat die Beteiligung an der Bauernspende für das WHW. abgelehnt.

▲ Im „Stürmerkasten“ an der Hauptstraße in Weetzen (heute ein Stadtteil von Ronnenberg) wurde u.a. gegen den Bauern Ernst Reinecke aus Vörie agitiert. Ein junges Mitglied der Familie wurde von Schulkameraden vor den „Stürmerkasten“ geführt, in dem die unten abgebildete Meldung hing. (Entsprechende Information redaktionell rot markiert.)

▸ Siegmund und Henriette Seligmann wanderten 1938 nach Brasilien aus. („Rahls“ ist ein Druckfehler. Korrekt: „Rahlfs“).

Im Sommer 1937 musste Siegmund Seligmann unter Druck der Devisenstelle der Oberfinanzdirektion Hannover seinen Hof in Adelheidsdorf bei Celle an den Bauern Rahlfs zwangsverkaufen, wobei er nicht einmal den halben Wert erhielt. Sein behinderter Sohn Kurt, der 1913 in Ronnenberg geboren worden war, durfte bei einer lebenslangen Leibzucht von 7000 RM weiterhin in der für ihn gewohnten Umgebung leben. Schon wenig später kam der Behinderte jedoch zu Tode: mit *„ausgedehnten Verbrennungen“* wurde er ins Celler St.Josefs-Stift eingeliefert, wo er am 8.Oktober 1937 starb. Von den 7000 RM erhielt Seligmann vom Bauern Rahlfs nur 2000 RM zurück.[11]

11 NLA Hannover Nds. 110 W Acc. 14/99 Nr.101678.

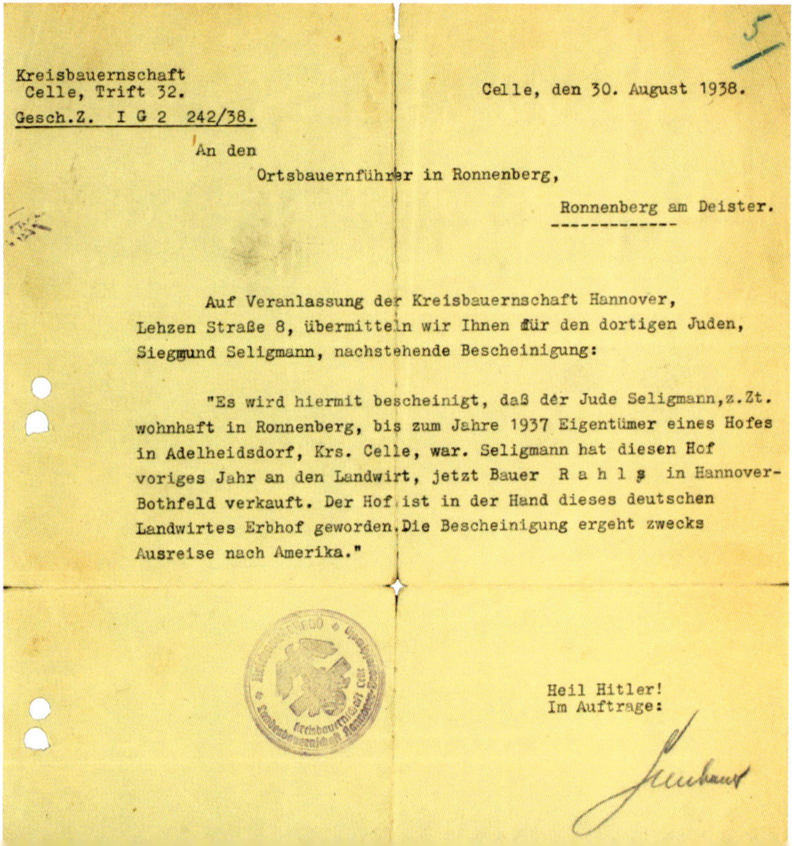

5

Kreisbauernschaft
Celle, Trift 32.
Gesch.Z. I G 2 242/38.

Celle, den 30. August 1938.

An den
Ortsbauernführer in Ronnenberg,
Ronnenberg am Deister.

Auf Veranlassung der Kreisbauernschaft Hannover, Lehzen Straße 8, übermitteln wir Ihnen für den dortigen Juden, Siegmund Seligmann, nachstehende Bescheinigung:

"Es wird hiermit bescheinigt, daß der Jude Seligmann, z.Zt. wohnhaft in Ronnenberg, bis zum Jahre 1937 Eigentümer eines Hofes in Adelheidsdorf, Krs. Celle, war. Seligmann hat diesen Hof voriges Jahr an den Landwirt, jetzt Bauer R a h l s in Hannover-Bothfeld verkauft. Der Hof ist in der Hand dieses deutschen Landwirtes Erbhof geworden. Die Bescheinigung ergeht zwecks Ausreise nach Amerika."

Heil Hitler!
Im Auftrage:
[Unterschrift]

# Vertreibung

# Wunschziel USA

Um dem Naziterror zu entkommen und sich eine Existenzgrundlage sichern zu können, dachte man in den Familien Franz Seligmann, Siegmund Seligmann, Cohen und Philippsohn seit den Rassengesetzen über eine „Emigration“ nach. Aber wohin sollten die Auswanderungen gehen? Die politische Lage in Europa war nicht rosig. Umso mehr erschienen die USA als Hoffnungsziel. Auch die lateinamerikanischen ABC-Staaten (Argentinien, Brasilien, Chile) und Uruguay standen wegen ihrer europäischen Prägung und des relativ hohen Lebensstandards auf den oberen Plätzen der Wunschliste.

Die USA waren bereit, ein größeres Kontingent von Juden aufzunehmen. Jedoch: Voraussetzung für die Einwanderung war zunächst die Bürgschaft (»Affidavit of support«) eines US-amerikanischen Staatsbürgers, dass der betreffende Flüchtling dem Staat nicht zur Last falle. Hinzukommen musste ein Visum, das die Einreise erlaubte. Aber Visen wurden nur in beschränktem Umfang erteilt Denn die jährliche Einwandererquote in die USA war seit den 1920er Jahren nach den Geburtsländern festgelegt, wobei mehr als die Hälfte der verfügbaren Plätze auf Einwanderer aus Großbritannien und Irland fiel. Die Einreisewilligen bekamen Quotennummern.

‣ Merkblatt amerikanischer Konsulate (hier in Stuttgart)

File No. 811. 11

AMERIKANISCHES KONSULAT
Stuttgart, Postfach 949

**Unterlagen zum Nachweis der Sicherstellung des Lebensunterhalts.**

Absatz 23 des Einwanderungsgesetzes vom Jahre 1924 bestimmt, daß es einer Person, welche die Absicht hat in die Vereinigten Staaten einzuwandern, obliegt nachzuweisen, daß sie auf Grund der Bestimmungen der Einwanderungsgesetze nicht aus den Vereinigten Staaten ausgeschlossen werden kann. Absatz 2 (f) dieses Gesetzes verlangt, daß der Konsul ein Einwanderungsvisum verweigert, wenn er weiß oder Grund zur Annahme hat, daß eine bestimmte Person unter den Einwanderungsgesetzen nicht in die Vereinigten Staaten zugelassen werden kann. Daraus folgt, daß auch in dem Falle, daß ein Konsul einem Einwanderer irgendwelche Ratschläge gibt und diese Ratschläge befolgt werden, der betreffende Konsul nicht verpflichtet ist das Visum zu erteilen, falls vor der endgültigen Visumausstellung andere, ungünstige Umstände in Erscheinung treten, und der Einwanderer wird auch nicht von der Obliegenheit, die ihm das Gesetz auferlegt, entbunden.

*Vorgeschlagene Unterlagen:* Auf Grund der Bestimmungen in Absatz 3 des Einwanderungsgesetzes vom Jahre 1917, kommen unter anderen Kategorien von Personen, welche in die Vereinigten Staaten nicht zugelassen werden können, auch „Personen, die der Öffentlichkeit zur Last fallen könnten“, in Betracht, und jeder Visumantragsteller muß daher beweisen, daß sein Lebensunterhalt in den Vereinigten Staaten so gesichert ist, daß kein Grund zur Annahme besteht, er könnte der Öffentlichkeit zur Last fallen. Zu diesem Zweck kann der Einwanderer beispielsweise nachweisen, daß er genügend eigene Mittel besitzt, oder daß eine verantwortliche und zuverlässige Person in den Vereinigten Staaten bereit und finanziell in der Lage ist, die nötigen Mittel für seinen Unterhalt zu beschaffen, und nicht nur für die allernächste Zukunft, sondern für eine unbestimmte Zeit, je nach den wirtschaftlichen Verhältnissen und der Arbeitslosigkeit in den Vereinigten Staaten.

Wenn dem Einwanderer bei seiner Ankunft in den Vereinigten Staaten eine Geldsumme zur Verfügung gestellt wird, oder wenn ein Akkreditiv zu seinen Gunsten eröffnet wird, oder sonst irgendwelche finanzielle Abmachungen für ihn getroffen werden, so muß er imstande sein nachzuweisen: die Quelle solcher Fonds, die Unwiderruflichkeit der getroffenen Abmachungen, den Grund, weshalb ihm das Geld zur Verfügung gestellt wird — wenn das der Fall ist — und die finanzielle Lage des Geldgebers, um die Glaubwürdigkeit der Abmachung festzustellen.

Wenn der Einwanderer bezüglich seines Lebensunterhaltes von Verwandten oder anderen Personen in den Vereinigten Staaten abhängig sein wird, so sollten solche Personen dem Einwanderer zwecks Vorlage beim Konsulat Unterlagen einsenden, aus denen zu ersehen ist, daß sie finanziell in der Lage und bereit sind, zu seinem Unterhalt beizusteuern, unter Berücksichtigung ihrer sonstigen Verpflichtungen den eigenen Familienangehörigen und anderen Personen gegenüber. Jede Person, welche die Verantwortung für den Unterhalt eines Einwanderers übernimmt, sollte eine Bürgschaft ausstellen, in welcher Einkommen, Vermögen, Verpflichtungen und Unterhaltskosten angegeben sind, um zu zeigen, wieviel von dem Einkommen für den Unterhalt des Einwanderers erübrigt werden kann. Ferner sollte die Bürgschaft auch Angaben über das genaue Verwandtschaftsverhältnis zwischen dem Bürgen und dem Auswanderer enthalten, damit das Konsulat besser in der Lage ist, die eingesandten Unterlagen zu bewerten; außerdem sollte angegeben sein, ob der Bürge amerikanischer Staatsbürger oder rechtmäßig eingewandert und in den Vereinigten Staaten ansässig ist; welche Pläne oder Abmachungen für den Unterhalt des Einwanderers getroffen worden sind; bis zu welcher Höhe der Bürge sich verpflichten will; aus welchem Grunde er für den Einwanderer sorgen will, falls keine direkte Verpflichtung dazu besteht; und in welcher Höhe er, falls überhaupt, bereits früher den Einwanderer mit Geldmitteln unterstützt hat.

Je entfernter die Verwandtschaft zwischen dem Bürgen und dem Einwanderer ist, oder je beschränkter das Vermögen und Einkommen des ersteren sind, um so mehr Einzelheiten sollte der Bürge anführen, um den verantwortlichen Konsul davon zu überzeugen, daß keine Wahrscheinlichkeit besteht, daß der Einwanderer der Öffentlichkeit zur Last fallen würde. Wenn der Einwanderer mit einem schweren körperlichen Fehler behaftet ist, welcher ihn daran hindern könnte, seinen Lebensunterhalt selbst zu verdienen, so sollte er den Bürgen davon in Kenntnis setzen, damit letzterer diese Tatsache in seiner Bürgschaft bestätigen und sich trotzdem bereit erklären kann, für den Unterhalt des Einwanderers zu sorgen. Es muß jedoch in Betracht gezogen werden, daß die Abmachungen für den Unterhalt einer Person, deren körperlicher Zustand nicht einwandfrei ist, genauer ausgearbeitet sein müssen als im Falle eines gesunden Menschen, welcher eher eine lohnbringende Arbeit leisten kann.

*Zusätzliches Beweismaterial:* Obgleich jede Art von Unterlagen zur Bekräftigung der in einer Bürgschaft gemachten Angaben dem Konsulat vorgelegt werden können und geprüft werden, ob sie als Beweismaterial genügen, so könnten folgende Hinweise gegeben werden, als Beispiele von Beweisunterlagen, welche in dieser Hinsicht erwünscht sind: eidliche Erklärungen verantwortlicher, unparteiischer Personen, welche eine persönliche Kenntnis der Tatsachen haben; Grundsteuer-Quittungen; eine eidliche Erklärung eines Bankbeamten mit Angabe des Datums einer Kontoeröffnung, des jetzigen Guthabens, und ob dasselbe durch kleinere Einzahlungen oder durch eine einmalige größere Einzahlung entstanden ist; eine Kopie — vorzugsweise eine beglaubigte Kopie — der letzten Einkommensteuer-Erklärung; eine eidliche Erklärung des Arbeitgebers mit Angaben über Zeitdauer und Ständigkeit der Anstellung; Quittungen von Post- oder Bankanweisungen an den Einwanderer und Berichte von bekannten Handelsauskunfteien, falls solche angebracht sind.

*Sonstige Vorschläge:* a) Bürgschaften und zusätzliche Unterlagen sollten direkt an den Einwanderer übersandt und auf Anforderung des Konsulates letzterem zur Prüfung übermittelt werden. Wenn es aus irgendeinem Grunde nicht ratsam ist, die Unterlagen an den Einwanderer zu adressieren, so können Vereinbarungen getroffen werden, um alles auf einen bestimmten Fall bezügliche Material durch eine Person sammeln zu lassen, die es dann dem Konsulat gleichzeitig mit einem Begleitschreiben übermittelt, worin der Name des Antragstellers, seine genaue Adresse und seine Registrierungs-Nummer auf der Warteliste genannt sind. Solch ein Verfahren würde eine gründlichere und schnellere Behandlung des betreffenden Falles ermöglichen. b) Eine Bürgschaft sollte nur die Namen einer einzigen Familiengruppe (Ehemann, Ehefrau und minderjährige Kinder) enthalten, welche zu gleicher Zeit Einwanderungsvisen beantragen will, und jede Bürgschaft sollte von zusätzlichen Beweisunterlagen begleitet sein. Wenn der Bürge noch für andere Personen Bürgschaft leistet, so sollte er für jede obengenannte Gruppe separate Bürgschaften und zusätzliche Unterlagen einschicken. c) Wenn zwei oder mehr Personen für denselben Einwanderer oder dieselbe Einwanderer-Familie Bürgschaft leisten, so sollte jeder Bürge darlegen, was er persönlich unternehmen will, um für den Unterhalt des Einwanderers oder der Einwanderer zu sorgen. d) Wenn der Bürge bereits früher die Einwanderung anderer Personen unterstützt hat, sollte er in seiner Bürgschaft die Namen der betreffenden Personen angeben, das Datum ihrer Einreise in die Vereinigten Staaten, und ob sie noch auf seine Unterstützung angewiesen sind.

Erst wenn ihre Nummer an der Reihe war, konnten sie Visen erhalten und einreisen. Nicht wenige deutsche Juden mussten deshalb jahrelange Wartezeiten auf sich nehmen. So kamen sie für ein Einreisevisum in die USA nicht mehr rechtzeitig an die Reihe, um den Vernichtungslagern zu entgehen.

Mitglieder der Familie Julius Seligmann (geb. 1880 in Ronnenberg) aus Mecklenburg waren seit 1937 in die USA emigriert. Sie versuchten, von ihrer neuen Heimat aus ihre Verwandten Max und Rosa Seligmann aus Ronnenberg nachzuholen. Trotzdem konnten beide wegen zu hoher Quotennummern nicht in die Vereinigten Staaten gelangen. Nach einer langen Irrfahrt und Deportationen in Internierungslager und KZs wurden sie in Auschwitz ermordet.

Auch Lina Cohen erhielt keine Einreiseerlaubnis in die USA, weil sie alt war und „nicht arbeitsfähig". 1943 kam sie im „Ghetto Theresienstadt" ums Leben.

November 25, 1938

American General Consulate,
Hamburg,
Germany.

Dear Sir:

This is to verify that Otto Seligmann is working for me as a cabinetmaker. His weekly earnings are Thirty-three dollars. He has always been well liked in my place and I am pleased with him. He will continue in my employ.

This has been written in reference to his Aunt and Uncle whom he would like to bring to this Country. He is fully able to guarantee that if his people should come to the United States, they will not become a public charge.

Sworn to me this 25th
day of November, 1938.

Carl Musen.

**United States of America**

# UNITED STATES LINES
## Affidavit of Support

County of New York
State of New York } S.S.

Prepaid Ticket No. ..........

I, Otto Seligmann (Name) residing at 728 W. 181.St. Apt.27 (Street Address)
New York (City) New York State being duly sworn depose and say:

1\. (a) *That I was born a citizen* of the United States on: .......... In the .......... (Date) City of .......... County of .......... State of ..........

(b) *That I was naturalized a citizen* of the United States on: Date .......... In the .......... (City) .......... (County) .......... (State) number of my certificate being .......... issued by .......... (Court)

(c) *That I declared my intention of becoming a citizen* of the United States on: Date 25.of Aril 1938 In the Brooklyn (City) Kings (County) New York (State) 270052 number of my certificate being 2-572973 issued by District Court (Court) of United States, Brooklyn

2\. That I am 25 years of age and have resided in the United States since January 25. 1938

3\. That the undermentioned alien(s) desire(s) to come to the United States because To seek a new home (State reasons fully)

4\. That the financial status of the alien(s) is .......... (State whether or not the applicant is dependent on you for support)

5\. That my regular occupation is carpenter & cabinetmaker Musbro Kennels (Name and address of firm) Paramus Rd., Paramus N.J. My average weekly earnings amount to $ 33

6\. My other assets are as follows:
(a) Bank account $ 218.98 (b) Insurance: Total cash surrender value of policy(ies) $ ..........
(c) Real Estate $ ..........
Yearly income from rentals of Real Estate $ .......... and that the encumbrance on said property, if any, amounts to $ ..........
(d) Stocks and bonds $ ..........

7\. That my present dependents consist of none (Names and ages)

8\. That it is my intention and desire to have my relatives whose names appear below, at present residing at:
Ronnenberg near Hannover, Germany (Complete address)
come and remain with me in the United States until such time as they may become self-supporting.

| Name of Alien(s) | Sex | Date of Birth | Country of Birth | Occupation | Relationship to Deponent |
|---|---|---|---|---|---|
| Max Seligmann | male | 10.10.1883 | Germany | lives retired | uncle |
| Rosi Seligmann | female | 5.8.1896 | Germany | housewife | aunt |

REMARKS: Form 575 filed on November 24th.

That I am willing and able to receive, maintain, support and be responsible for the alien(s) mentioned above while they remain in the United States, and hereby assume such obligations, guaranteeing that none of them will at any time become a burden on the United States or on any State, County, City, Village or Municipality of the United States; and that any who are under sixteen years of age will be sent to day school at least until they are sixteen years old and will not be put to work unsuited to their years.

That the above mentioned relatives are in good health and physical condition and are mentally sound, to the best of my knowledge and belief.

That I am and always have been a law-abiding resident and have not at any time been threatened with or arrested for any crime or misdemeanor, that I do not belong to nor am I in anywise connected with any group or organization whose principles are contrary to organized government, nor do the above mentioned relatives, to the best of my knowledge and belief, belong to any such organization, nor have they ever been convicted of any crime involving moral turpitude.

**Deponent Further States,** That this affidavit is made by him for the purpose of inducing the American Consul to issue visas to the above mentioned relatives and the Immigration Authorities to admit said relatives into the United States.

Otto Seligmann
(Signature of Deponent)

Subscribed and sworn to before me, a Notary Public, in and for said County, this 26 day of November A.D. 1938

NOTARY PUBLIC, New York County

My Commission expires ..........

Max Becker
Notary Public

M-1684—ORIGINAL

▲ ▶ Dem „Affidavit of Support", das der Kunsttischler Otto Seligmann, Sohn von Julius Seligmann (geb. 1880), schriftlich beeidigte und an das US-amerikanische Konsulat in Hamburg schickte, legte er eine Beglaubigung seines Arbeitgebers bei: er verdiene 33 US-$ in der Woche und sei in der Lage, für seine Tante Rosy und seinen Onkel Max zu sorgen, wenn sie in die USA einreisen dürften.

# Pioniertrupps nach Amerika

▲ Heinz Levy, der Initiator

In den genannten Familien wurden seit Mitte 1936 gezielt Emigrationspläne augeheckt. Motor war der 37jährige Heinz Levy, der Bruder von Alice Cohen und Onkel von Fritz Cohen. Dazu gesellte sich der 26jährige Kurt Frank aus Pattensen, der 1936 nach Ronnenberg gezogen war. Er war ein Neffe von Siegfried Seligmann. Beteiligt waren auch Günther Seligmann (23) und Heinz Seligmann (22). Die Familie Cohen in Ronnenberg war der Ort, an dem das Reiseprogramm geplant und vorbereitet wurde. Als bestmögliches Emigrationsland wurde das südamerikanische Brasilien ins Auge gefasst.

Die vier Kundschafter für Brasilien hatten sich Touristenvisa verschafft. Dazu mussten sie Hin- und Rückfahrten buchen. Sozusagen über Nacht verschwanden sie aus Ronnenberg und wussten nicht, ob sie längerfristige Aufnahme und Arbeit in Brasilien finden würden. Am 13. Februar 1937 ging der Pioniertrupp in Santos von Bord und fuhr nach Sao Paulo. Die Eltern wollten nachkommen, wenn der Neuanfang glücke.

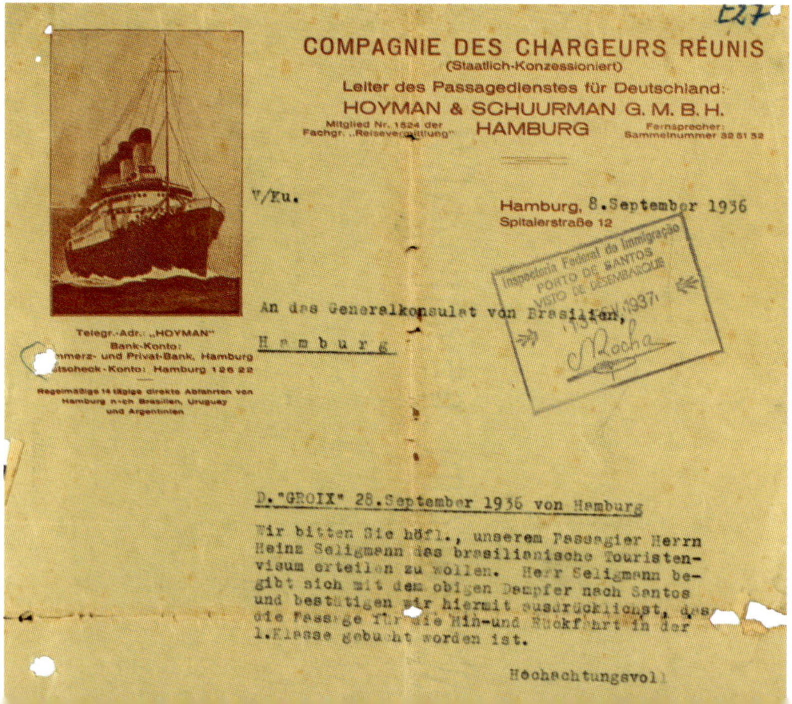

E27

COMPAGNIE DES CHARGEURS RÉUNIS
(Staatlich-Konzessioniert)
Leiter des Passagedienstes für Deutschland:
HOYMAN & SCHUURMAN G. M. B. H.
HAMBURG
Mitglied Nr. 1524 der Fachgr. „Reisevermittlung"
Fernsprecher: Sammelnummer 32 51 52

Telegr.-Adr.: „HOYMAN"
Bank-Konto: ...mmerz- und Privat-Bank, Hamburg
...tscheck-Konto: Hamburg 126 22
Regelmäßige 14tägige direkte Abfahrten von Hamburg nach Brasilien, Uruguay und Argentinien

V/Ku.

Hamburg, 8.September 1936
Spitalerstraße 12

Inspectoria Federal de Immigração
PORTO DE SANTOS
VISTO DE DESEMBARQUE
13 ... 1937
Rocha

An das Generalkonsulat von Brasilien,

Hamburg

D."GROIX" 28.September 1936 von Hamburg

Wir bitten Sie höfl., unserem Passagier Herrn Heinz Seligmann das brasilianische Touristenvisum erteilen zu wollen. Herr Seligmann begibt sich mit dem obigen Dampfer nach Santos und bestätigen wir hiermit ausdrücklichst, dass die Passage für die Hin-und Rückfahrt in der 1.Klasse gebucht worden ist.

Hochachtungsvoll

◂ Die französische Reederei bestätigte Heinz Seligmann ausdrücklich, dass er auch die Rückreise gebucht und sie somit ins Auge gefasst habe.

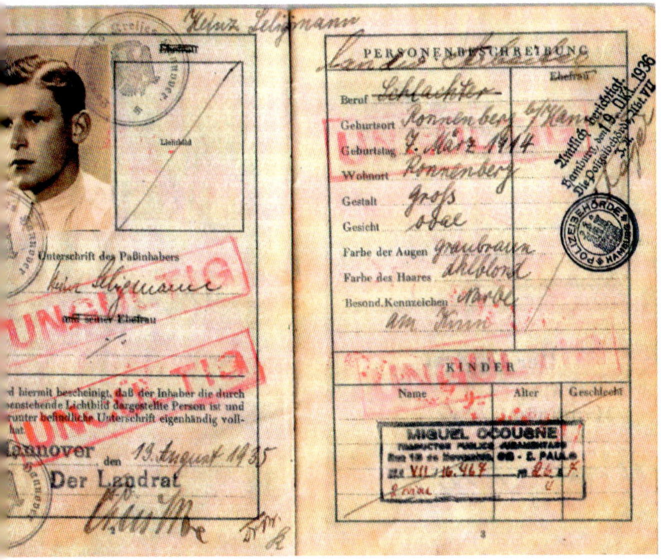

Im selben Jahr emigrierte der 17jährige Alfred Seligmann in die USA. Er stammte aus Mecklenburg und lebte bei seinem Onkel Harry Seligmann. Dann folgte Werner Seligmann, der Bruder von Günther Seligmann: *„Im Jahre 1937 entschloss ich mich, da ich eine Zukunft für mich nicht mehr sah, zur Auswanderung nach Uruguay."*[1] Mit dem jungen Ehepaar wollte ursprünglich auch die Familie Philippsohn nach Uruguay ausreisen. Aber die Ausreise kam dann doch nicht zustande.

1 NLA Hannover Nds. 110 W Acc. 14/99, Nr. 124292.

◂ Der Pioniertrupp nach Brasilien startete, wie der Hafenvermerk auf dem Reisepass bzw. das Touristenvisum von Heinz Seligmann ausweist, am 11. Januar 1937 in Hamburg.

◂ In Brasilien mussten die vorübergehenden Aufenthaltsgenehmigungen der vier Touristen zunächst in dauernde umgewandelt werden, wofür der Anwalt 200 US-Dollar pro Person kassierte. Aus Deutschland hatten sie jedoch nur 10 RM pro Person ausführen können. Verschiedene mitgebrachte Sachen mussten sie deshalb verkaufen.

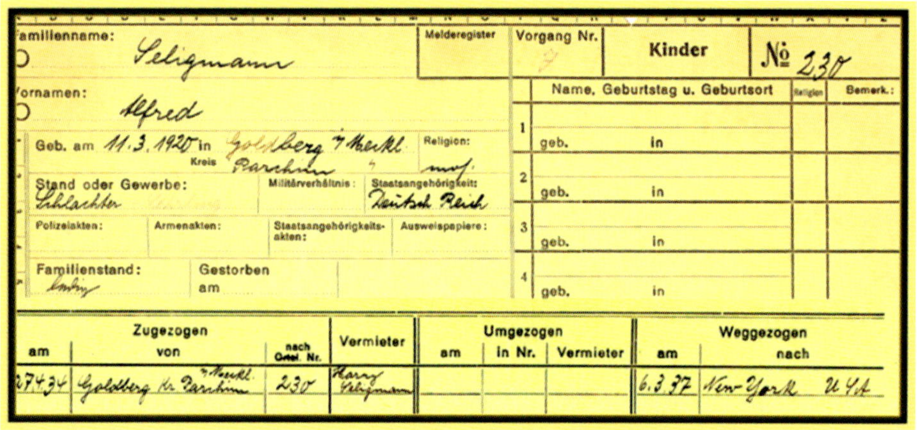

| Familienname: Seligmann | Melderegister | Vorgang Nr. | Kinder | № 230 |
|---|---|---|---|---|

Vornamen: Alfred

Geb. am 11.3.1920 in Goldberg i. Meckl. Kreis Parchim — Religion: mos.

Stand oder Gewerbe: Schlachter — Militärverhältnis: — Staatsangehörigkeit: Deutsch. Reich

Polizeiakten: — Armenakten: — Staatsangehörigkeitsakten: — Ausweispapiere:

Familienstand: ledig — Gestorben am

| | Name, Geburtstag u. Geburtsort | Religion | Bemerk.: |
|---|---|---|---|
| 1 | geb. in | | |
| 2 | geb. in | | |
| 3 | geb. in | | |
| 4 | geb. in | | |

| Zugezogen am | Zugezogen von | nach Grdst. Nr. | Vermieter | Umgezogen am | in Nr. | Vermieter | Weggezogen am | nach |
|---|---|---|---|---|---|---|---|---|
| 27.4.34 | Goldberg Kr. Parchim i. Meckl. | 230 | Harry Seligmann | | | | 6.3.37 | New-York U.S.A. |

◂ Alfred Seligmann, der am 6.März 1937 nach New York emigrierte, war, wie die Meldekarte ausweist, 1934 in Ronnenberg zugezogen.

▾ Sechs Wochen nach seiner Emigration schrieb Alfred Seligmann aus New York (Brooklyn) und warnte die Familie Cohen davor, den Sohn Fritz nachzuschicken, solange er noch keinen Beruf erlernt habe. Hier eine Fotokopie.

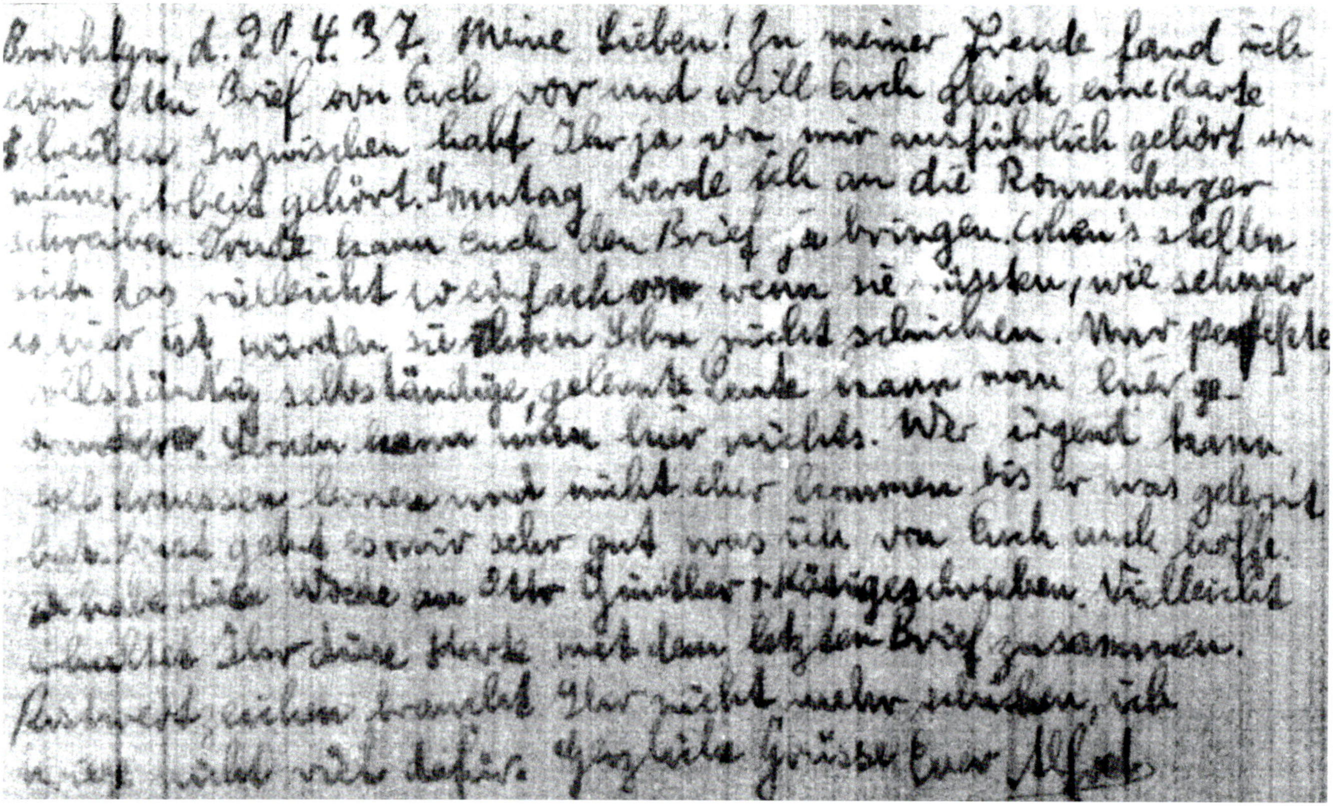

Brooklyn, d. 20.4.37. Meine Lieben! Zu meiner Freude fand ich euren 1ten Brief von Euch vor und will Euch gleich eine Karte schreiben. Inzwischen habt Ihr ja von mir ausführlich gehört und von meiner Arbeit gehört. Sonntag werde ich an die Ronnenberger schreiben. Trude kann euch den Brief ja bringen. Cohen's stellen sich das vielleicht so einfach vor, wenn sie wüssten, wie schwer es hier ist, würden sie ihren Sohn nicht schicken. Nur perfekte [illegible] selbständige, gelernte Leute kann man hier gebrauchen. Lernen kann man hier nichts. Wer irgend kann soll draussen lernen und nicht eher kommen bis er was gelernt hat. [illegible] geht es mir sehr gut, was ich von Euch auch hoffe. Ich habe diese Woche an Otto Günther [illegible] geschrieben. Vielleicht schickt Ihr diese Karte mit dem letzten Brief zusammen. Rückporto brauchst Ihr nicht mehr schicken, ich habe nichts davon. Herzliche Grüsse Euer Alfred

Auf Grund der vorstehenden Zeugnisse wurde der Fleischer-Lehrling

Werner Seligmann

heute zum

**Gesellen**

gesprochen und ihm zu Urkund dessen dieser

**Gesellen-Brief**

unter Beidrückung des Innungsstempels und unter den besten Wünschen für seinen ferneren Lebensweg ausgefertigt.

Warburg, den 1. 4. 1930

Die Fleischer-Innung

Obermeister

(Innungsstempel)

Werner Seligmann, der Bruder von Günther Seligmann, war in Warburg als Schlachter ausgebildet worden. Aufgrund der Rassenpolitik der Nazis konnte er seine Meisterprüfung nicht ablegen, ein Grund für ihn zu emigrieren.

# Alice, Iwan und Fritz Cohen in die USA

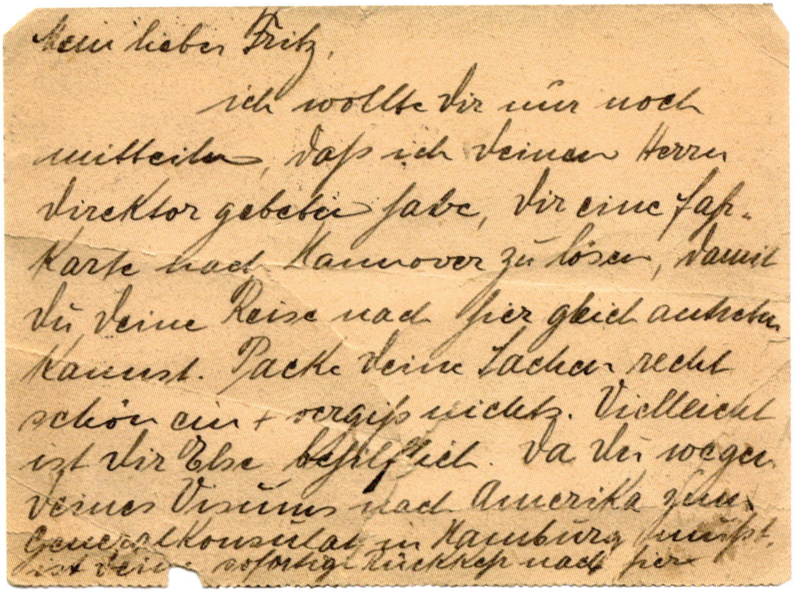
Mein lieber Fritz,
ich wollte dir nur noch mitteilen, daß ich deinen Herrn Direktor gebeten habe, dir eine Fahrkarte nach Hannover zu lösen, damit du deine Reise nach hier gleich antreten kannst. Packe deine Sachen recht schön ein + vergiß nichts. Vielleicht ist dir Else behilflich. Da du wegen deines Visums nach Amerika zum Generalkonsulat in Hamburg mußt, ist deine sofortige Rückkehr nach hier

**Friedrich J. Cohen**
Manufaktur-Waren / Konfektion
Modernste Bettfedern-Reinigungs- und Desinfektions-Anstalt
**Ronnenberg vor Hannover**
Seit 1848
Postscheckkonto: Hannover 33310
Fernruf: Amt Weetzen 144

erwünscht. Teile uns den Tag deiner Rückreise mit evtl. drahtlich. Auf ein baldiges Wiedersehen freuen sich deine Eltern

**Postkarte**



An
Fritz Cohen
Landschulheim Florenz
Florenz / Italien
Villa Pazzi
Pian dei Giullari

Im Juli 1938 floh die Familie Cohen in die USA. Lina Cohen musste zurückbleiben (vgl. S. 56). Fritz Cohen im Jahre 2002: *„Dass wir emigrieren konnten, haben wir meiner Mutter zu verdanken. Sie machte ihre Recherchen und glaubte, einen Verwandten gefunden zu haben, der zwar weder ‚Cohen' noch ‚Seligmann' hieß, aber ‚Segelbaum', und der im 19. Jahrhundert, glaube ich, in die USA ausgewandert war. Doch sie hatte nur einen Zettel, auf dem sein Name und sein Wohnort standen. … Keiner von uns und ihnen wusste, ob wir überhaupt verwandt waren, wahrscheinlich waren wir es nicht. Die Familie Segelbaum beschloss jedoch, das ‚Affidavit' für uns zu unterzeichnen."*[2]

2 Hertel, Peter, Die Juden von Ronnenberg, Teil 2, a.a.O., S.69f.

◂ Die Reisevorbereitungen liefen im Stillen. Fritz Cohen wurde in Florenz von der Nachricht seines Vaters überrascht, die Familie werde emigrieren.

Unsere Recherchen brachten im Frühjahr 2013 eine Überraschung: Rosa Segelbaum, eine Urgroßmutter der Familie Segelbaum, war Mitte des 19. Jahrhunderts mit ihrer Familie von Obernkirchen bei Bückeburg in die USA ausgewandert. Sie war, was ihre Nachkommen in den USA um 1940 nicht mehr wussten, am 23. Mai 1814 in Ronnenberg als Tochter von Samuel Aron Seligmann geboren worden. In den USA lernten sich Fritz Cohen und Leona Brobecker aus der Familie Segelbaum kennen. 1950 heirateten sie. Nun kam also heraus, dass die Eheleute in Ronnenberg eine gemeinsame Familienwurzel haben: Samuel Aron Selligmann.

Über den Abschied am 31. Juli 1938 aus Ronnenberg erzählt Fritz Cohen: *„Mein Vater hatte ein Taxi bestellt, es war Dämmerung gegen neun Uhr abends. Wir fuhren in ein Hotel in Hannover, an der Eisdiele in Ronnenberg vorbei, junge Männer guckten hinter uns her, ich weiß nicht, was sie dachten. Das war der Abschied. Deprimierend. Aber ich war auch froh, dass die Quälereien endlich vorbei sein sollten. Noch am Tage zuvor hatte ich eine Tracht Prügel bekommen. Als ich der Familie Franz Seligmann Lebewohl gesagt hatte und wieder nach Hause ging, kamen ehemalige Freunde gerade die Straße herunter, und vor unserem Haus, am Zaun, gaben sie mir Ohrfeigen…*

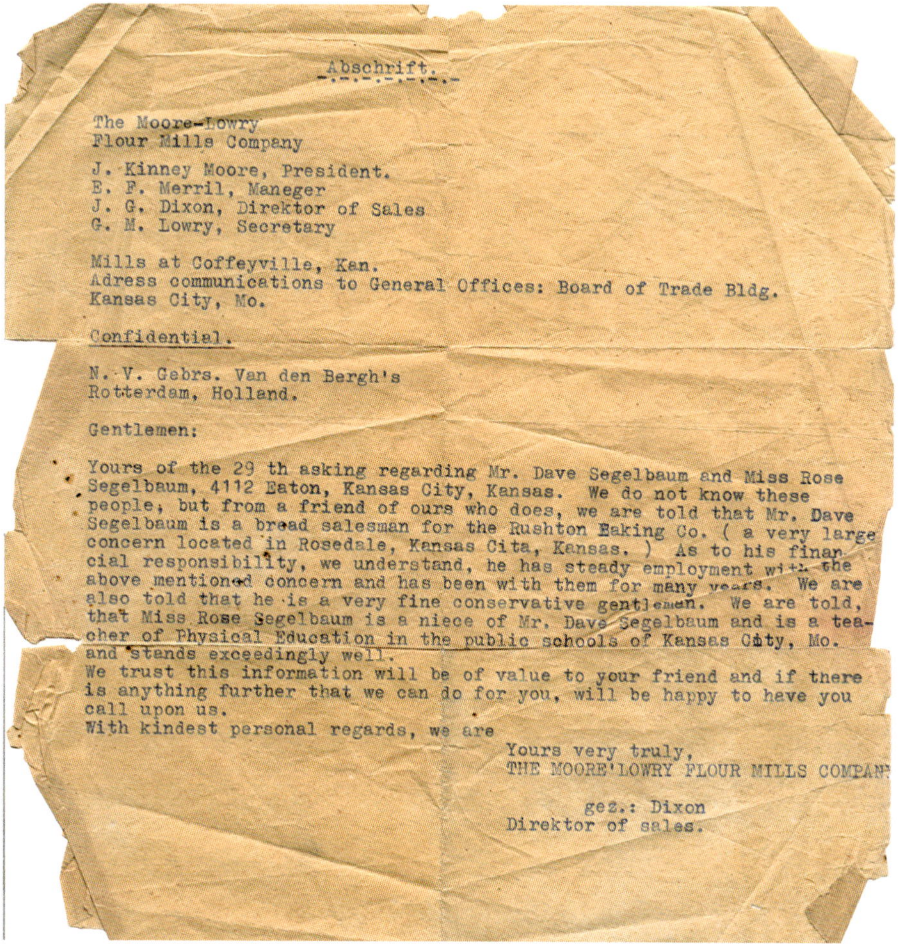

Abschrift.

The Moore-Lowry
Flour Mills Company

J. Kinney Moore, President.
E. F. Merril, Maneger
J. G. Dixon, Direktor of Sales
G. M. Lowry, Secretary

Mills at Coffeyville, Kan.
Adress communications to General Offices: Board of Trade Bldg.
Kansas City, Mo.

Confidential.

N. V. Gebrs. Van den Bergh's
Rotterdam, Holland.

Gentlemen:

Yours of the 29 th asking regarding Mr. Dave Segelbaum and Miss Rose Segelbaum, 4112 Eaton, Kansas City, Kansas. We do not know these people, but from a friend of ours who does, we are told that Mr. Dave Segelbaum is a bread salesman for the Rushton Baking Co. ( a very large concern located in Rosedale, Kansas Cita, Kansas. ) As to his financial responsibility, we understand, he has steady employment with the above mentioned concern and has been with them for many years. We are also told that he is a very fine conservative gentleman. We are told, that Miss Rose Segelbaum is a niece of Mr. Dave Segelbaum and is a teacher of Physical Education in the public schools of Kansas City, Mo. and stands exceedingly well.
We trust this information will be of value to your friend and if there is anything further that we can do for you, will be happy to have you call upon us.
With kindest personal regards, we are

Yours very truly,
THE MOORE'LOWRY FLOUR MILLS COMPANY

gez.: Dixon
Direktor of sales.

▲ In Kansas City, wo Rose Segelbaum wohnte, wurden Informationen über die Familie Segelbaum eingeholt und über Rotterdam an das US-Konsulat in Hamburg geleitet.

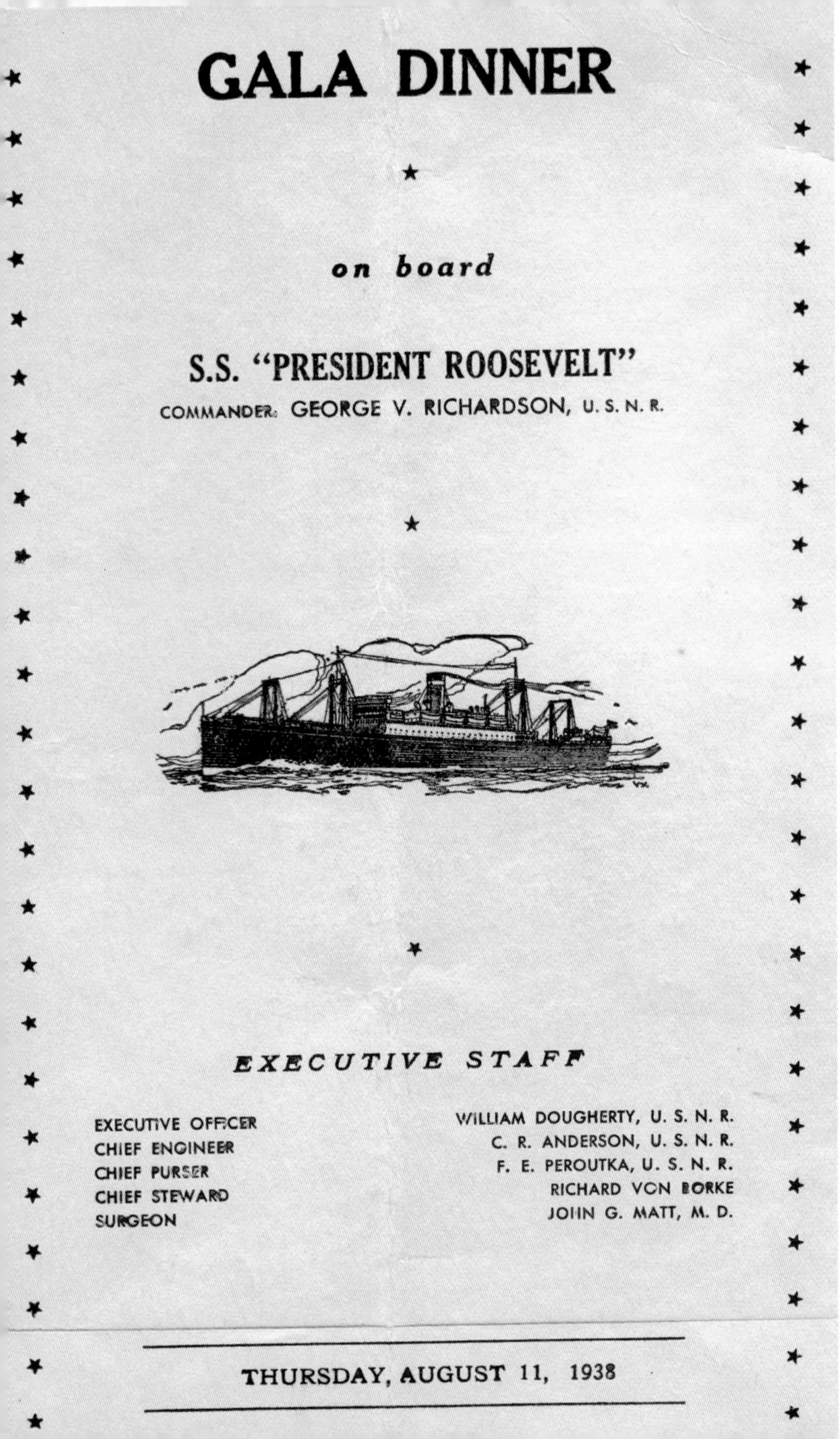

GALA DINNER

on board

S.S. "PRESIDENT ROOSEVELT"

COMMANDER: GEORGE V. RICHARDSON, U. S. N. R.

EXECUTIVE STAFF

| | |
|---|---|
| EXECUTIVE OFFICER | WILLIAM DOUGHERTY, U. S. N. R. |
| CHIEF ENGINEER | C. R. ANDERSON, U. S. N. R. |
| CHIEF PURSER | F. E. PEROUTKA, U. S. N. R. |
| CHIEF STEWARD | RICHARD VON BORKE |
| SURGEON | JOHN G. MATT, M. D. |

THURSDAY, AUGUST 11, 1938

*Die Überfahrt von Le Havre auf dem amerikanischen Dampfer ‚President Roosevelt' dauerte zehn Tage. Am 13. August 1938 erreichten wir New York. Wir wussten nur, dass Eisenbahnkarten für uns hinterlegt waren, sie waren dann wirklich da. Am nächsten Abend kamen wir in Kansas City an, wo uns Rose Segelbaum willkommen hieß."*[3]

3 Ebd., S. 70 f.

◂ Gala-Dinner auf der „President Roosevelt"

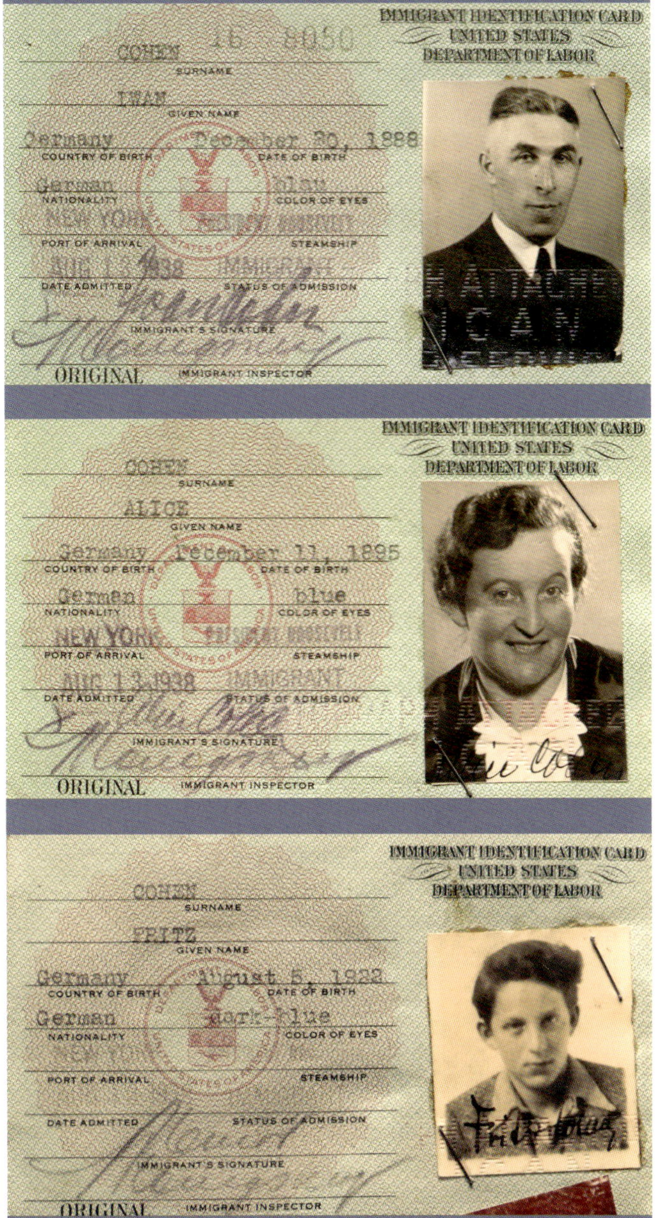
IMMIGRANT IDENTIFICATION CARD
UNITED STATES
DEPARTMENT OF LABOR

COHEN 16 8050
SURNAME
IWAN
GIVEN NAME
Germany December 20, 1888
COUNTRY OF BIRTH DATE OF BIRTH
German blau
NATIONALITY COLOR OF EYES
NEW YORK
PORT OF ARRIVAL STEAMSHIP
AUG 13 1938 IMMIGRANT
DATE ADMITTED STATUS OF ADMISSION
IMMIGRANT'S SIGNATURE
ORIGINAL IMMIGRANT INSPECTOR

IMMIGRANT IDENTIFICATION CARD
UNITED STATES
DEPARTMENT OF LABOR

COHEN
SURNAME
ALICE
GIVEN NAME
Germany December 11, 1895
COUNTRY OF BIRTH DATE OF BIRTH
German blue
NATIONALITY COLOR OF EYES
NEW YORK
PORT OF ARRIVAL STEAMSHIP
AUG 13 1938 IMMIGRANT
DATE ADMITTED STATUS OF ADMISSION
IMMIGRANT'S SIGNATURE
ORIGINAL IMMIGRANT INSPECTOR

IMMIGRANT IDENTIFICATION CARD
UNITED STATES
DEPARTMENT OF LABOR

COHEN
SURNAME
FRITZ
GIVEN NAME
Germany August 5, 1922
COUNTRY OF BIRTH DATE OF BIRTH
German dark-blue
NATIONALITY COLOR OF EYES
PORT OF ARRIVAL STEAMSHIP
DATE ADMITTED STATUS OF ADMISSION
IMMIGRANT'S SIGNATURE
ORIGINAL IMMIGRANT INSPECTOR

▲ Immigranten-Ausweise für Iwan, Alice und Fritz Cohen am 13. August 1938 in New York.

Fritz Cohen im Alter von 79 Jahren: *„Ich glaube, man kann zwei Arten von Holocaust sehen: die physische Ausmerzung der jüdischen Bürger und die psychische Verheerung, die angerichtet wurde. Sich plötzlich vorzukommen wie ein Mensch, der eigentlich kein Recht auf eine Existenz in seinem eigenen Lande hat – das, glaube ich, war für mich verheerend.“*[4]

4 Ebd., S. 60f.

# Reichspogromnacht und KZ Buchenwald

Mitte des Jahres 1938 waren von den Jüdinnen und Juden, die 1933 in Ronnenberg gelebt hatten, noch 16 in der Gemeinde. Auch sie planten ihre Ausreise. Durch die barbarische Reichspogromnacht vom 9. November 1938 und die anschließende Deportation von Ronnenberger Familienvätern bzw. Haushaltsvorständen in das KZ Buchenwald erpressten die Nazis ihre schnelle Auswanderung.

▾ In der Reichspogromnacht: Die brennende Neue Synagoge in Hannover

- Ausschnitte aus einem Bericht von Else Seligmann am 9. November 1998

Meine Schwester, Ursula, beendete die Volksschule in Ronnenberg im Maerz 1937. Es war dann schon fuer Juden verboten ins Lyceum einzutreten, darum hatte sie noch privatr Unterricht in der Berlitz Schule um sich weiter auszubilden. Danach im Maerz 1938 wurde sie ein Lehrling in dem Putz und Modewaren Geschaeft von Viktor Kaunitz, Theaterstrasse, Hannover. Unbewusst ueber die aussergewoehnlichen Ereignisse am 8. November 1938, ging sie frueh morgens zum Geschaeft. Bei ihrer Ankunft fand sie nur eingeschlagene Tueren und Schaufenster vor. Die Glasssplittern waren auf dem Fussgang und der Strasse. Es blieb ihr nichts uebrig als ganz erschuetternt nach Hause zu gehen.

**Kristallnacht, November 8. 1938 war ein unverstaendlicher und** tragischer Tag. Ursula kam, wie gesagt, ganz erschuettert nach Hause zurueck. Sie sah sofort die S.A. und S.S. Truppen als Wachen vor unserem Hause. Gluecklicherweise hatten sie nichts zerstoert weil Gauleiter Goehmann es verboten hatte. Buergermeister Kirchmeyer hatte den Befehl meinen Vater zu verhaften. Er versuchte es so schmerzlos wie moeglich zu machen und bereutete er diesen Befehl ausfuehren zu muessen. Er hatte keine Ahnung was mit meinem Vater geschehen wuerde.Er ratete ihm aber das eiserne Kreuz, das er im ersten Weltkrieg, fuer besonderen Dienst, erhalten hatte, mitzunehmen. Wir waren natuerlich sehr aufgeregt nicht zu wissen was die Zukunft fuer unsere Familie bringen wuerde. Nach einer Zeit hoerten wir das mein Vater im Konzentrationslager Buchenwald war. Nach drei schweren Wochen wurde er endlich entlassen weil er Soldat mit Auszeichnung im ersten Weltkrieg war. Er musste aber auch versprechen so schnell wie moeglich Deutschland zu verlassen.

- Stellungnahme zum Bericht von Else Seligmann

Stellungnahme zu dem Schreiben der Frau Else Seligmann

-.-.-.-.-

1) Herr Göhmann war kein Gauleiter, sondern Ortsgruppenleiter.

2) Der Bürgermeister, also mein Vater, hatte keine Polizeigewalt und konnte somit keine Verhaftungen vornehmen. Er hatte lediglich den Auftrag, die noch ansässigen jüdischen Männer zu einem bestimmten Termin ins Gemeindebüro bestellen zu lassen. Von hier sollten sie durch die Gestapo abgeholt werden. Da die Gestapo zu dem angegebenen Termin nicht anwesend war, riet mein Vater den Juden, da sie alle den 1. Weltkrieg mitgemacht hatten und ausgezeichnet waren, außerdem 1934 das Frontkämpferkreuz erhalten hatten, ihren Wehrpass zu holen und mitzunehmen. Sie sind dann auch auf Grund des Wehrpasses in Buchenwald entlassen worden.

Karoline Kirchmeyer

- Ins KZ Buchenwald wurden deportiert: Franz Seligmann, Siegfried Seligmann, Max Seligmann, Harry Seligmann und Julius Philippsohn. Siegmund Seligmann konnte sich verstecken. Nicht verhaftet in Ronnenberg wurde der 84jährige Hermann Seligmann.
- Im Konzentrationslager wurden die Gefangenen gefoltert, gequält und bedroht: sie sollten Deutschland mit ihren Familien umgehend verlassen. Andernfalls, so drohte man ihnen, würden sie sofort wieder verhaftet und ins KZ gebracht.

Als Auslöser für den Pogrom vom 9./10. November 1938 instrumentalisierten die Nazis den Anschlag eines jungen Juden aus Hannover auf einen deutschen Legationssekretär in Paris, der seinen Verletzungen erlag. Propagandaminister Goebbels rief die Führer der NSDAP zum Schlag gegen die Juden im Deutschen Reich auf.

- Nahezu alle Synagogen wurden in Brand gesetzt oder anderweitig zerstört.
- Geschäfte wurden demoliert, Wohnungen jüdischer Bürger zerstört.
- Im ganzen Deutschen Reich kamen über 90 Juden zu Tode.

Es war eine keineswegs spontane Aktion, sondern eine von den Machthabern in Staat und Partei befohlene Barbarei. Nur wenige Bürgerinnen und Bürger versuchten, dem Ausbruch von Hass und Gewalt zu widerstehen. Die meisten sahen zu.

▲ Gerd Philippsohn, 1938 fünf Jahre alt, erinnerte sich 1988: *„Ich weiß nur noch, daß mein Vater auf einmal nicht mehr da war.“*

Mehr als eine Woche mussten Marie und Gerd Philippsohn in Ronnenberg warten, bis sie ein Lebenszeichen von Julius Philippsohn aus dem KZ Buchenwald erhielten.

Meine genaue Anschrift:
Schutzhäftling
Dr. Julius Philippsohn
Nr. Nr. 23642
Block 1a.
Konz.-L. Buchenwald
Post Weimar/Thür.

Sendung ohne Nummer und Block nicht zustellbar

Konzentrationslager Buchenwald
Post Weimar / Thür.

Auszug aus der Lagerordnung:
Jeder Häftling darf im Monat 2 Briefe oder 2 Postkarten empfangen und auch absenden. Die Briefzeilen müssen übersichtlich und gut lesbar sein. Postsendungen, die diesen Anforderungen nicht entsprechen, werden nicht zugestellt bzw. befördert. Pakete jeglichen Inhalts dürfen nicht empfangen werden. Geldsendungen sind zulässig; es kann im Lager alles gekauft werden. Zeitungen dürfen nicht mehr unter Streifband geschickt, sondern müssen bei der Postzensurstelle bestellt werden. „Geldsendungen nur durch Postanweisung zulässig.“
Der Lagerkommandant.

Postkarte
WHW Ein Volk hilft sich selbst
Weimar 1 22. c
6 Deutsches Reich 6

Frau
Philippsohn
Ronnenberg
Hannover

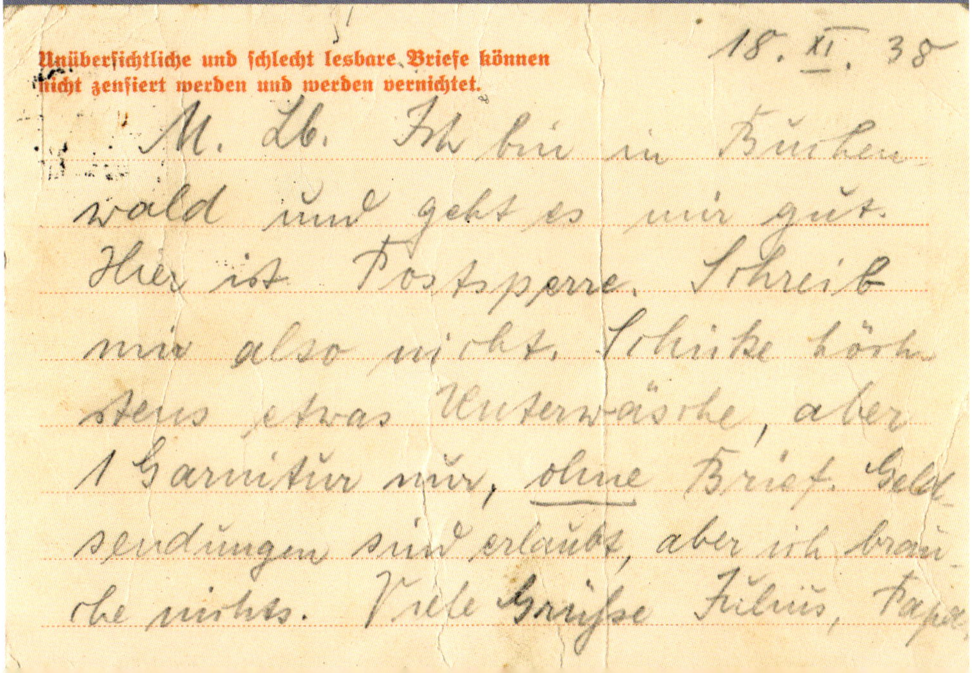

Unübersichtliche und schlecht lesbare Briefe können nicht zensiert werden und werden vernichtet.

18. XI. 38

M. Lb. Ich bin in Buchenwald und geht es mir gut. Hier ist Postsperre. Schreib mir also nicht. Schicke höchstens etwas Unterwäsche, aber 1 Garnitur nur, ohne Brief. Geldsendungen sind erlaubt, aber ich brauche nichts. Viele Grüße Julius, Papa

# Ausraubung

Bei der Ausreise blieb den deutschen Juden nur ein geringer Teil ihres rechtmäßig erworbenen Besitzes. Der überwiegende Teil wurde zwangsentrichtet, eingezogen oder zurückgelassen, musste an Nachbarn oder an Arisierungsgewinnler verhökert, verschleudert und versteigert werden. Das kam einer Enteignung gleich. Ausgeraubt mussten die jüdischen Bürger ihren Heimatort Ronnenberg verlassen. Jüdische Emigranten, die noch Sperrkonten in Deutschland hatten, verloren seit 1941 das auf dem Papier verbliebene Geld.

**Verwarnungsakte**

Ein ungeprüfter Verdacht reichte aus, eine „Verwarnungsakte" anzulegen. Die Geheime Staatspolizei (Gestapo) und die Zollfahndung wurden informiert, der Terrorapparat wurde tätig (hier 1936).

**Sicherheitsanordnung**

Gegen einen Ausreisewilligen bzw. Verdächtigen wurde eine „Sicherheitsanordnung" nach § 37a des Devisengesetzes erlassen. Die wichtigsten Vermögensteile wurden auf einem Auswanderer-Sperrkonto „gesichert". Abgaben wie die „Reichsfluchtsteuer" wurden gleich einbehalten.

472 / 24 26

Der Oberfinanzpräsident
Hannover
(Devisenstelle)
B 6 82482

28. Oktober 7

Akte: Siegmund Seligmann

Bezug: Meine Rundverfügung S 1181 - 17 - I 144 vom 7.2.36 und S 1181 - 18 - I 144 vom 5.3.1936.
-.-.-.-

Nach einer hier vorliegenden Mitteilung beabsichtigt Siegmund Seligmann, Ronnenberg (über Hannover), ein in Holland gelegenes Grundstück zu kaufen. Es besteht daher der Verdacht, dass Seligmann auszuwandern beabsichtigt.

Unter Bezugnahme auf die oben bezeichneten Verfügungen bitte ich um Kenntnisnahme.

Im Auftrage:
I.A.

1.) An die Zollfahndungsstelle, Hannover, )mit dem Zusatz: .......
2.) " " Geheime Staatspolizei, " }sind benachrichtigt
3.) " das Finanzamt Hannover-Land, " )worden.
4.) " A 1 zur Anfertigung einer Verwarnungskarte mit dem Vermerk: "Siegmund Seligmann, Ronnenberg (über Hannover) beabsichtigt auszuwandern."
5.) z.d.A.

475 / 80 77

Zollfahndungsstelle
O 1729 - J.35o5 - C 4

Hannover, den 9. Juli 1938.

Betr.: Sicherungsmaßnahmen gem.§37a Dev.Ges. gegen:
a) den Juden Harry Seligmann, geb.am 29.8.81 in Ronnenberg, wohnhaft in Ronnenberg, Haus-Nr. 23o,
b) die Jüdin Frieda Seligmann, geb.Neuhaus, geboren am 6.7.95 in Barchfeld, Krs. Schmalkalden, wohnhaft in Ronnenberg, Haus-Nr.23o.

Anlagen: 1 Berichtsdurchschlag,
2 Pässe,
1 Kostenaufstellung.

Der Jude Harry S e l i g m a n n betreibt nach eigenen Angaben eifrig seine Auswanderung. Er hat sein Grundstück mit Wohnhaus in Ronnenberg, Haus-Nr. 23o, bereits verkauft. Hierfür soll er 35 ooo RM erhalten. Auf dem Grundbesitz bleiben 2o ooo RM als 1.Hypothek stehen, die restlichen 15 ooo RM gelangen am 1.1o.ds.Js.zur Auszahlung.

Es ist folgendes Vermögen festgestellt:

Zu a): Harry S e l i g m a n n:

| | | |
|---|---|---|
| 1.) | Grundstück mit Wohnhaus in Ronnenberg, Haus-Nr.23o, eingetrag.im Grundb.Amt Wennigsen (verkauft) | 35 ooo,-- RM |
| 2.) | Hypothek in Höhe von an Josef Neuhaus, Erfurt, Viktoriastr. 18, II. (Schwiegervater) | 1o ooo,-- " |
| 3.) | Barguthaben - bar | 1 5oo,-- " |
| | Übertrag: | 46 5oo,-- RM |

3.meine Gold und Silberabgabe nach meiner Erinnerung aus
2 goldene Uhren,ca. RM 300.-- 3 goldene Ketten ca.RM200.--
silberne Schalen ca. RM 120.-- Bestecke ca. RM 250.--
Zierstuecke ca RM 90.--

Siegfried Seligmann

Siegfried Seligmann

**Ablieferungen**
Nach einer Anordnung vom 21. Februar 1939 mussten die Juden alle Gegenstände aus Gold und Silber abliefern – bis auf wenige Ausnahmen wie Trauringe und zwei vierteilige Bestecke pro Person. 1953 erinnerte Siegfried Seligmann an die einzelnen abgegebenen Stücke.

Ronnenberg, 5. Januar 1939.

**Aufstellung**

über die Gegenstände des Auswanderergutes der Geschwister Hildegard und Gertrud Seligmann in Ronnenberg, Bahnhofstr. 230, die von der Mitnahme in das Ausland ausgeschlossen worden sind:

1 weißes Leinenkleid
1 hellblaue Seidenbluse
1 Paar braune Halbschuhe
1 blauer Pullover
1 Georgettekleid
1 Vistrakleid
2 Waschkleider
1 Handtasche
1 blaues Wollkleid
1 kariertes Wollkleid
1 grüner Pullover
1 Paar schwarze Damenschuhe
1 rosa Kleid
1 Leinenkleid
2 Waschkleider
1 Kunstseidenkleid
1 Paar Damenstiefel
1 Jackenkleid
1 Jackenkleid
12 Handtücher
12 Geschirrtücher
6 Kaffeedecken
12 Frottiertücher
2 Badetücher
12 weiße Handtücher
12 Gläsertücher
6 Bettbezüge
1 Wohnzimmer, bestehend aus:
2 Schränken
1 Kredenz
1 Zweizugtisch
4 Stühlen
2 Ledersesseln
1 Couch
1 Stehlampe

Vorstehende Gegenstände wurden heute dem Auktionshaus Schlüter in Hannover, Gr. Aegidienstr. 3 mit der Verpflichtung übergeben, den Versteigerungserlös nach Abzug der üblichen Unkosten auf das Sperrkonto Harry Seligmann bei der Dresdner Bank Filiale Hannover einzuzahlen.

Übergeben: Übernommen:

[illegible], 37./F/
Gräber, 37/F/ p. Fa. C. F. Schlüter [illegible]

**▲ Konfiszierung**
Konfisziertes Umzugsgut, das von Ronnenberg an ein Auktionshaus in Hannover geschickt wurde: Die Geschwister Trude und Hilde Seligmann mussten u.a. die Einrichtung eines Wohnzimmers versteigern lassen.

Finanzamt 29

StNr. 122/5912
Henriette Seligmann
[illegible]

(Adremaaufdruck — postalische Anschrift)

Die nebenbezeichnete Person ist Jude.
Sie — besitzt die deutsche Staatsangehörigkeit — ist staat[...]
Vermögen am letzten Veranlagungszeitpunkt, 1. Januar [...]
RM

[illegible]

**Berechnung der Judenvermögensabgabe**

**A. Ermittlung des Gesamtwerts des Vermögens nach dem Stand vom 12. November 1938**

**I. Vermögen nach dem Verzeichnis über das Vermögen von Juden nach dem Stand vom 27. April 1938**

| | RM |
|---|---|
| 1. Land- und forstwirtschaftliches Vermögen | — |
| 2. Grundvermögen | |
| 3. Betriebsvermögen | |
| 4. Sonstiges Vermögen | 28000 |
| 5. Ergibt Rohvermögen | |
| 6. Abzüge (soweit sie nicht das Betriebsvermögen — oben Ziff. 3 — betreffen) | — |
| 7. Verbleibt | 28000 |

**II. Von dem Polizeipräsidenten mitgeteilte Vermögensveränderungen zwischen dem 27. April und dem 12. November 1938**
(§ 5 der Anmeldungsverordnung vom 26. April 1938, RGBl. I S. 414)

| | | RM |
|---|---|---|
| 8. Vermögenserhöhungen + | — | |
| 9. Vermögensverminderungen — | | — |
| 10. Ergibt Gesamtwert des Vermögens nach dem Stand vom 12. November 1938 | | 28.000 |
| 11. Abgerundet auf volle 1000 RM nach unten, § 3 Absatz 5 DVO | | |

**B. Festsetzung der Judenvermögensabgabe**

1. Abgabe: 20 v. H. des abgabepflichtigen Vermögens (A Ziff. 11) ........ 5.600.–
2. Die Abgabe ist zu entrichten in vier Teilbeträgen von je 1400 RM bis zum 15. Dezember 1938, 15. Februar, 15. Mai und 15. August 1939

Einzelberechnung und Vermerk: Vermerk 1. Fünfte [...] 2. Verm. [...] 8. N[...]

**C. Verfügung**

1. Vermerk zur V-Liste 1939.
2. Bescheid über die Abgabe ist — nicht — auszufertigen. 1x (Das Datum des Bescheids bleibt unausgefüllt)
3. Der Bescheid ist mit diesem Bogen der Finanzkasse zwecks Sollstellung und Absendung zuzuleiten.
4. Nach Rückkunft von der Kasse: Zu den Akten.

Berlin, 17. 2. 1939

(Namenzeichen des Sachbearbeiters) (Namenzeichen des Bezirksbearbeiters)

Zu 1: Geschehen am: ......
(Namenzeichen)
Zu 2: Ausgefertigt am: ......
(Namenzeichen)
Zu 3: Kasse: Datum des Bescheids und der Absendung:
Für richtige Sollstellung: 22. Feb. 1939
(Namenzeichen des Buchhalters)

1. Festsetzung der Abgabe (11. 38. 45000)

**▲ Sühneleistung**
Am 12. November 1938 wurde den Juden wegen der „Reichskristallnacht“, die von den Nazis inszeniert worden war, eine „Sühneleistung“ in Höhe von einer Milliarde Reichsmark auferlegt. Alle Juden – auch die Ehefrauen -, die ein Vermögen von mehr als 5000 RM hatten, mussten davon ein Fünftel zahlen. Sämtliche jüdische Familien in Ronnenberg waren betroffen.

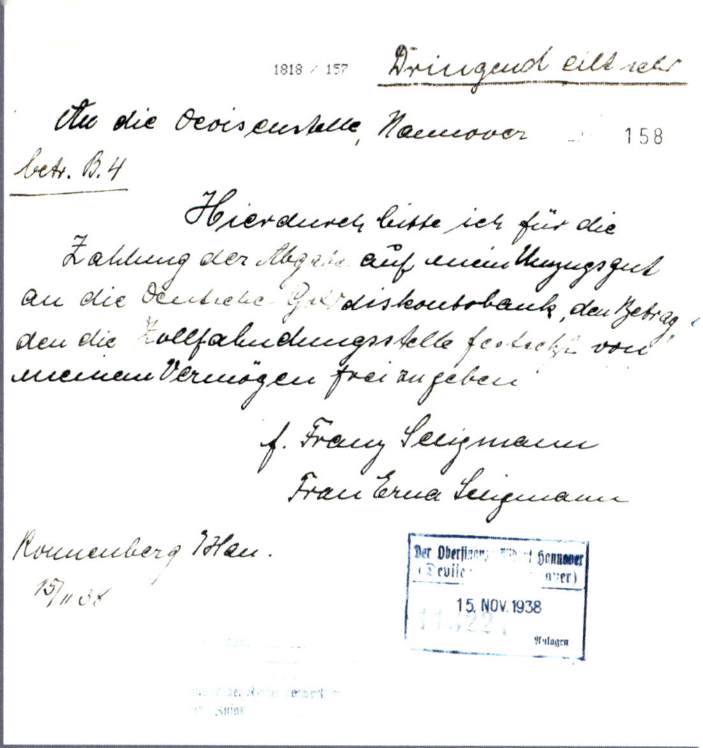

1818 / 157 Dringend eilt sehr

An die Devisenstelle, Hannover 158

betr. B.4

Hierdurch bitte ich für die Zahlung der Abgabe auf mein Umzugsgut an die Deutsche Golddiskontobank, den Betrag den die Zollfahndungsstelle festsetzt von meinem Vermögen freizugeben.

f. Franz Seligmann
Frau Erna Seligmann

Ronnenberg / Han.
15/11 38

Der Oberfinanz... Hannover (Devise... ...ver) 15. NOV. 1938 Anlagen

**Umzugsabgabe**
Während Franz Seligmann im KZ Buchenwald war und für die Freilassung seinen Emigrationswillen nachweisen musste, beantragte seine Frau, vom Sperrkonto den Abgabebetrag für das Umzugsgut freizubekommen.

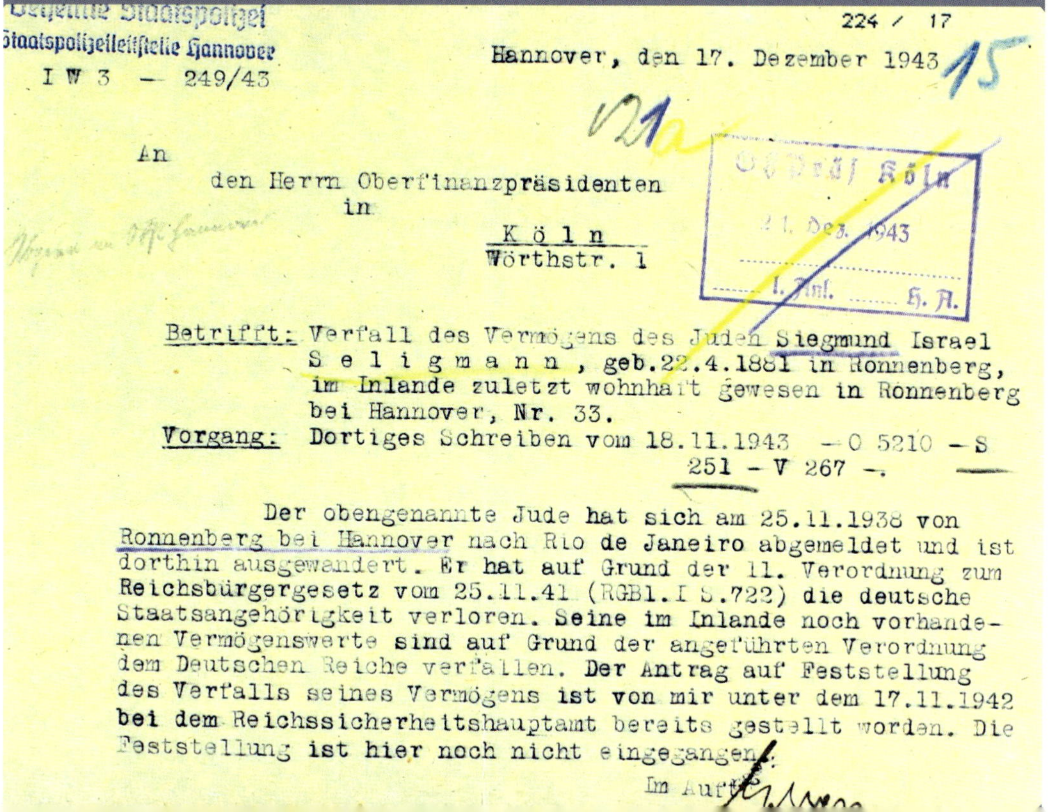

Geheime Staatspolizei
Staatspolizeileitstelle Hannover
I W 3 — 249/43

224 / 17

Hannover, den 17. Dezember 1943 15

An
den Herrn Oberfinanzpräsidenten
in
Köln
Wörthstr. 1

OFPräs Köln 21. Dez. 1943 I. Inl. H. A.

Betrifft: Verfall des Vermögens des Juden Siegmund Israel Seligmann, geb. 22.4.1881 in Ronnenberg, im Inlande zuletzt wohnhaft gewesen in Ronnenberg bei Hannover, Nr. 33.
Vorgang: Dortiges Schreiben vom 18.11.1943 — O 5210 — S 251 — V 267 —.

Der obengenannte Jude hat sich am 25.11.1938 von Ronnenberg bei Hannover nach Rio de Janeiro abgemeldet und ist dorthin ausgewandert. Er hat auf Grund der 11. Verordnung zum Reichsbürgergesetz vom 25.11.41 (RGBl. I S. 722) die deutsche Staatsangehörigkeit verloren. Seine im Inlande noch vorhandenen Vermögenswerte sind auf Grund der angeführten Verordnung dem Deutschen Reiche verfallen. Der Antrag auf Feststellung des Verfalls seines Vermögens ist von mir unter dem 17.11.1942 bei dem Reichssicherheitshauptamt bereits gestellt worden. Die Feststellung ist hier noch nicht eingegangen.

Im Auftr.

**Geldverfall**
1941 hatte der NS-Staat dem ausgewanderten Siegmund Seligmann die deutsche Staatsangehörigkeit entzogen. Sein auf dem Papier verbliebenes Vermögen war damit dem Deutschen Reich verfallen.

# 1939: Ronnenberg „judenfrei"

Drangsaliert durch die Drohung, erneut ins KZ zu kommen, flohen alle noch verbliebenen 16 Ronnenberger Jüdinnen und Juden zum Teil Hals über Kopf. Die Hälfte von ihnen verließ den Ort innerhalb von nur fünf Wochen, zwischen dem 20. November und 25. Dezember 1938. Die restlichen acht suchten fieberhaft nach einem Aufnahmeland.

Franz Seligmann wurde nach etwa zehn Tagen aus dem KZ Buchenwald entlassen, da er nachweisen konnte, dass seine Frau und er die Auswanderungspapiere bereits besaßen.[5]

5 NLA Hannover Nds. 110 W Acc. 14/99 Nr.100761.

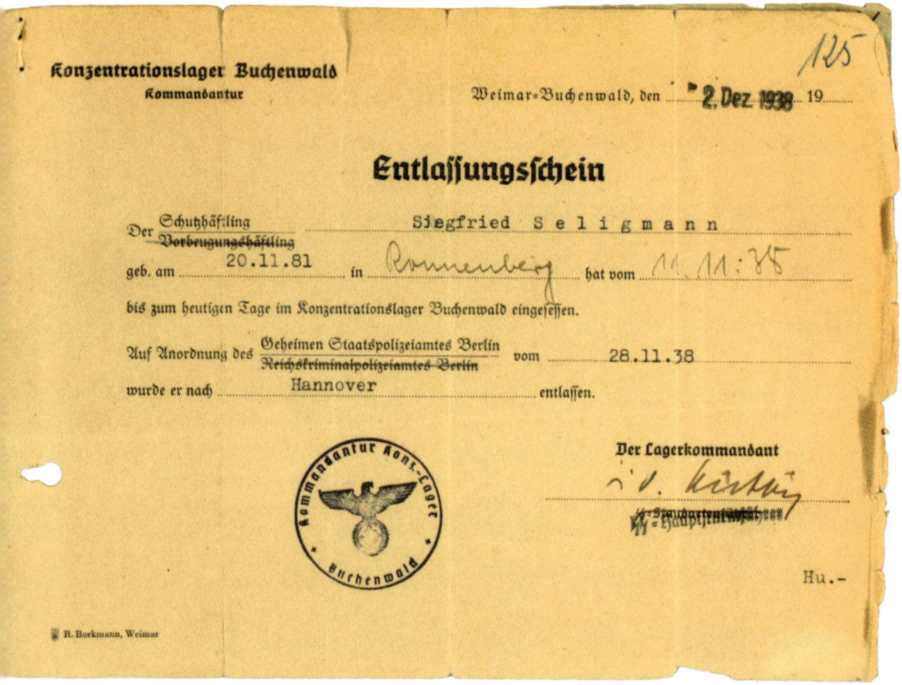

Konzentrationslager Buchenwald
Kommandantur

125

Weimar-Buchenwald, den 2. Dez. 1938 19

**Entlassungsschein**

Der Schutzhäftling ~~Vorbeugungshäftling~~ Siegfried Seligmann

geb. am 20.11.81 in Ronnenberg hat vom 11.11.38

bis zum heutigen Tage im Konzentrationslager Buchenwald eingesessen.

Auf Anordnung des Geheimen Staatspolizeiamtes Berlin ~~Reichskriminalpolizeiamtes Berlin~~ vom 28.11.38

wurde er nach Hannover entlassen.

Der Lagerkommandant

i. V. [Unterschrift]

~~Standartenführer~~ SS-Hauptsturmführer

Hu.-

Kommandantur Konz.-Lager Buchenwald

R. Borkmann, Weimar

▲ Siegfried Seligmann erhielt seinen Entlassungsschein in Buchenwald, nachdem er – wie die übrigen – die Absicht nachgewiesen hatte, Deutschland sofort zu verlassen.

◄ Franz Seligmann um 1900

▼ Als erste nach der Reichspogromnacht verließen Franz und Erna Seligmann am 20.11.1938 ihren Heimatort. Sie emigrierten zu ihrem Sohn Werner nach Montevideo (Uruguay).

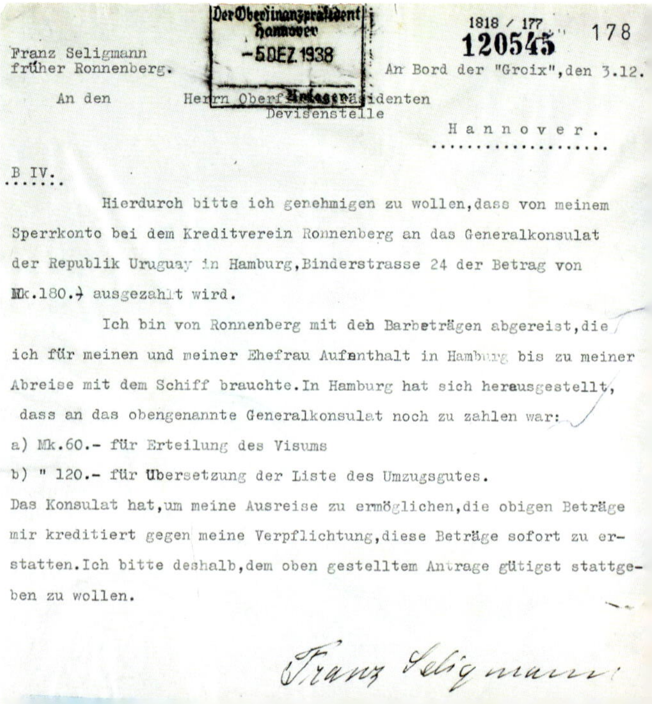

Der Oberfinanzpräsident Hannover
-5. DEZ. 1938

1818 / 177
120545 178

Franz Seligmann
früher Ronnenberg.

An Bord der "Groix", den 3.12.

An den Herrn Oberfinanzpräsidenten
Devisenstelle

Hannover.

B IV.

Hierdurch bitte ich genehmigen zu wollen, dass von meinem Sperrkonto bei dem Kreditverein Ronnenberg an das Generalkonsulat der Republik Uruguay in Hamburg, Binderstrasse 24 der Betrag von Mk.180.- ausgezahlt wird.

Ich bin von Ronnenberg mit den Barbeträgen abgereist, die ich für meinen und meiner Ehefrau Aufenthalt in Hamburg bis zu meiner Abreise mit dem Schiff brauchte. In Hamburg hat sich herausgestellt, dass an das obengenannte Generalkonsulat noch zu zahlen war:

a) Mk.60.- für Erteilung des Visums

b) " 120.- für Übersetzung der Liste des Umzugsgutes.

Das Konsulat hat, um meine Ausreise zu ermöglichen, die obigen Beträge mir kreditiert gegen meine Verpflichtung, diese Beträge sofort zu erstatten. Ich bitte deshalb, dem oben gestelltem Antrage gütigst stattgeben zu wollen.

Franz Seligmann

Der 84jährige Hermann Seligmann zog am 24.12.1938 in ein hannoversches Altersheim, wo er zwei Jahre später starb.

Während sich Siegmund Seligmann vor der Gestapo in Hamburg verstecken konnte, bereitete seine Frau Henriette in Ronnenberg die Ausreise zum Sohn Heinz nach Rio de Janeiro/Brasilien vor. Weil er weiterhin den Zugriff der Gestapo fürchtete, floh er mit ihr aus der Hansestadt nach Holland und dann nach Brasilien.[6]

6 NLA Hannover Nds. 110 W Acc.14/99 Nr.101678.

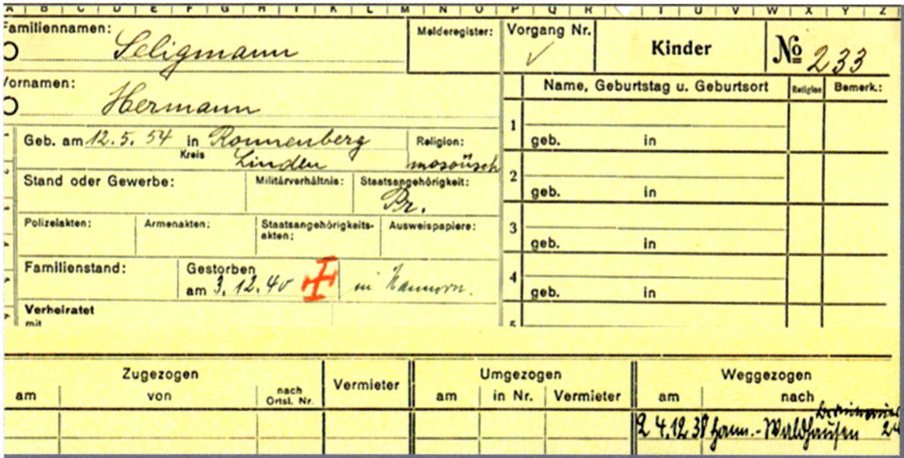
Familiennamen: Seligmann
Melderegister:
Vorgang Nr. ✓
Kinder
№ 233
Vornamen: Hermann
Geb. am 12.5.54 in Ronnenberg Kreis Linden
Religion: mosaisch
Stand oder Gewerbe:
Militärverhältnis:
Staatsangehörigkeit: Pr.
Polizeiakten: | Armenakten: | Staatsangehörigkeitsakten: | Ausweispapiere:
Familienstand:
Gestorben am 3.12.40 in Hannover
Verheiratet mit

| | Name, Geburtstag u. Geburtsort | | Religion | Bemerk.: |
|---|---|---|---|---|
| 1 | geb. | in | | |
| 2 | geb. | in | | |
| 3 | geb. | in | | |
| 4 | geb. | in | | |

| Zugezogen | | | Vermieter | Umgezogen | | | Weggezogen | |
|---|---|---|---|---|---|---|---|---|
| am | von | nach Ortsl. Nr. | | am | in Nr. | Vermieter | am | nach |
| | | | | | | | 24.12.38 | Hann.-Waldhausen |

▲ Meldekarte (Ausschnitt) für Hermann Seligmann

▲ Henriette Seligman

▲ Am 25.11.1938 meldete Henriette Seligmann sich und ihren Mann Siegmund Seligmann in Ronnenberg nach Rio de Janeiro ab. Siegmund Seligmann (Mitte) ist auf dem Foto mit seinem Sohn Heinz und seinen Bruder Julius (links) zu sehen.

▲ Der Arzt Dr. Julius Philippsohn verließ Ronnenberg am 25. Dezember 1938 in Richtung Genf.

Am längsten musste Julius Philippsohn im KZ bleiben. Er wurde mit Hilfe des französischen Außenministeriums befreit.[7]

Harry Seligmann war drei Wochen in Buchenwald festgesetzt. Dann gelang es seiner Frau, eine Einreisegenehmigung nach Kuba zu beschaffen, und zwar telegraphisch über einen Verwandten in New York, der 300 US $ an einen Vermittler auf Kuba zahlen musste.[8]

Die Geschwister Max und Rosa Seligmann meldeten sich am 9. Mai 1939 in Ronnenberg ab und fuhren mit der Bahn nach Hamburg, um per Schiff über Kuba in die USA zu gelangen.

7 Julius Philippsohn, Schreiben an den Vice-Präsidenten der Ärztekammer Wien vom 3.Januar 1947 (Kopie im Privatarchiv des Autors).

8 NLA Hannover Nds. 110W Acc. 14/99 Nr. 101096.

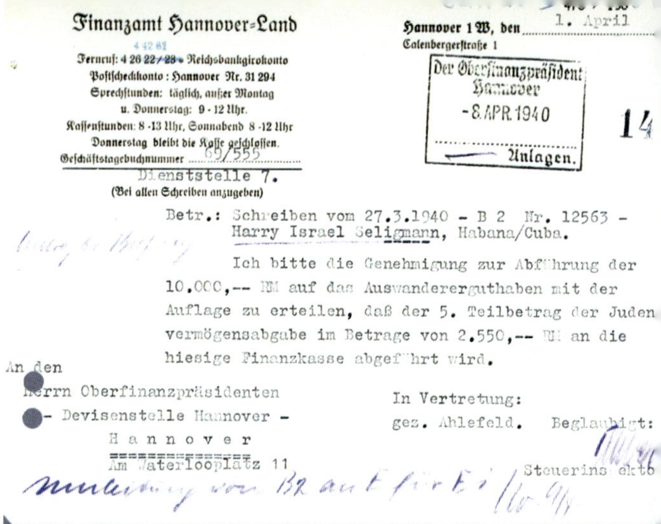

Finanzamt Hannover-Land

Fernruf: 4 20 22/23 · Reichsbankgirokonto
Postscheckkonto: Hannover Nr. 31 294
Sprechstunden: täglich, außer Montag u. Donnerstag: 9 - 12 Uhr.
Kassenstunden: 8 -13 Uhr, Sonnabend 8 -12 Uhr
Donnerstag bleibt die Kasse geschlossen.
Geschäftstagebuchnummer 69/555
Dienststelle 7.
(Bei allen Schreiben anzugeben)

Hannover 1 W, den 1. April
Calenbergerstraße 1

Der Oberfinanzpräsident Hannover
-8. APR. 1940
Anlagen.

14

Betr.: Schreiben vom 27.3.1940 - B 2 Nr. 12563 - Harry Israel Seligmann, Habana/Cuba.

Ich bitte die Genehmigung zur Abführung der 10.000,-- RM auf das Auswandererguthaben mit der Auflage zu erteilen, daß der 5. Teilbetrag der Judenvermögensabgabe im Betrage von 2.550,-- RM an die hiesige Finanzkasse abgeführt wird.

An den
Herrn Oberfinanzpräsidenten
- Devisenstelle Hannover -
Hannover
Am Waterlooplatz 11

In Vertretung:
gez. Ahlefeld.
Beglaubigt:

Steuerinspektor

▲ Hilde und Trude Seligmann, die Töchter von Harry und Frieda Seligmann, waren am 20. Februar 1939 nach Baltimore/USA emigriert. Die Eltern wollten am 23. März 1939 folgen, mussten aber in Kuba auf ihre Visen warten. Unterdessen verschob das Finanzamt Hannover-Land – unter Abzug der „Sühneleistung" für die Reichspogromnacht – einen Geldbetrag auf Harry Seligmanns Sperrkonto, das ein Jahr später zugunsten des Deutschen Reiches verfiel.

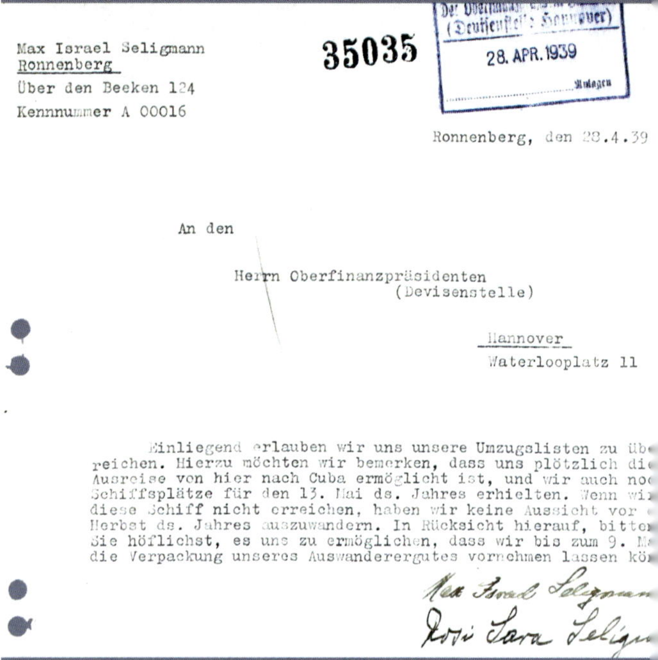

Der Oberfinanzpräsident (Devisenstelle Hannover)
28. APR. 1939
Anlagen

35035

Max Israel Seligmann
Ronnenberg
Über den Beeken 124
Kennnummer A 00016

Ronnenberg, den 28.4.39

An den

Herrn Oberfinanzpräsidenten
(Devisenstelle)

Hannover
Waterlooplatz 11

Einliegend erlauben wir uns unsere Umzugslisten zu überreichen. Hierzu möchten wir bemerken, dass uns plötzlich die Ausreise von hier nach Cuba ermöglicht ist, und wir auch noch Schiffsplätze für den 13. Mai ds. Jahres erhielten. Wenn wir diese Schiff nicht erreichen, haben wir keine Aussicht vor Herbst ds. Jahres auszuwandern. In Rücksicht hierauf, bitten Sie höflichst, es uns zu ermöglichen, dass wir bis zum 9. Mai die Verpackung unseres Auswanderergutes vornehmen lassen kö

Max Israel Seligmann
Rosi Sara Selig

▲ Schreiben von Max Seligmann an die OFD Hannover

Mit seiner Frau Alma und der Tochter Ursula begab sich Siegfried Seligmann am 13. Mai 1939 nach Kuba. Dort wollten sie auf die Einreisevisa der Vereinigten Staaten warten.

18. November 1939. Der letzte offizielle Akt eines Mitglieds der jüdischen Gemeinschaft in Ronnenberg: Else Seligmann meldete sich nach Washington ab. In Ronnenberg gab es keine Juden mehr. Die Gemeinde war im Nazi-Jargon: „Judenfrei".

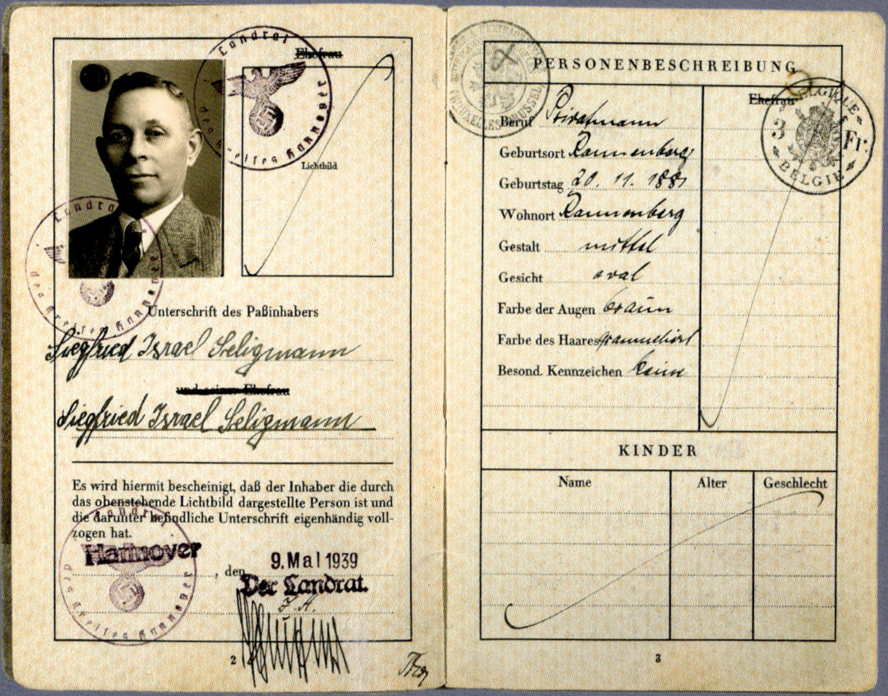

Ehefrau
Lichtbild
Unterschrift des Paßinhabers
Siegfried Israel Seligmann
~~und seiner Ehefrau~~
Siegfried Israel Seligmann
Es wird hiermit bescheinigt, daß der Inhaber die durch das obenstehende Lichtbild dargestellte Person ist und die darunter befindliche Unterschrift eigenhändig vollzogen hat.
Hannover, den 9. Mai 1939
Der Landrat.
2

PERSONENBESCHREIBUNG
Ehefrau
Beruf Viehhändler
Geburtsort Ronnenberg
Geburtstag 20. 11. 1881
Wohnort Ronnenberg
Gestalt mittel
Gesicht oval
Farbe der Augen braun
Farbe des Haares grau meliert
Besond. Kennzeichen keine
KINDER
Name | Alter | Geschlecht
3

▲ Reisepass von Siegfried Seligmann. Mit seiner Frau Alma und der Tochter Ursula begab er sich am 13. Mai 1939 nach Kuba. Dort wollten sie auf die Einreisevisa der Vereinigten Staaten warten.

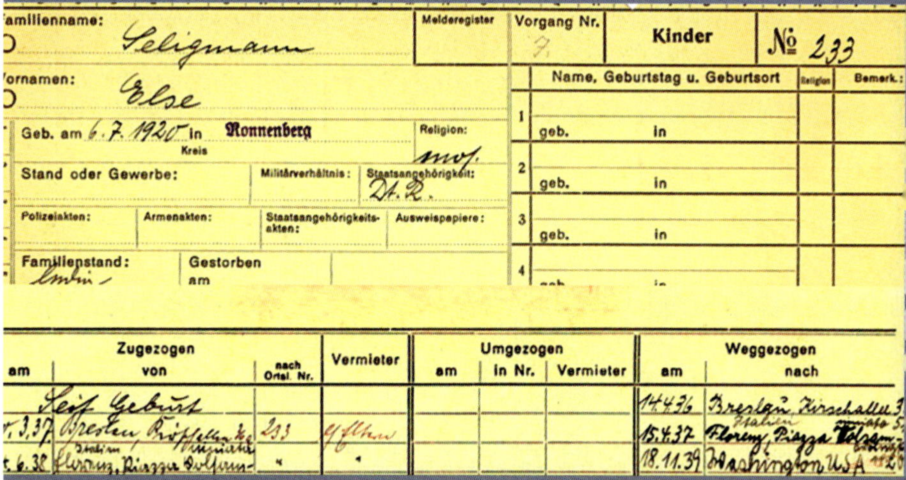

Familienname: Seligmann
Melderegister
Vorgang Nr. 7
Kinder
№ 233
Vornamen: Else
Geb. am 6. 7. 1920 in Ronnenberg Kreis
Religion: mos.
Stand oder Gewerbe:
Militärverhältnis:
Staatsangehörigkeit: Dt. R.
Polizeiakten: | Armenakten: | Staatsangehörigkeitsakten: | Ausweispapiere:
Familienstand: ledig
Gestorben am
Name, Geburtstag u. Geburtsort | Religion | Bemerk.
1 geb. in
2 geb. in
3 geb. in
4 geb. in

| Zugezogen am | von | nach Ortsl. Nr. | Vermieter | Umgezogen am | in Nr. | Vermieter | Weggezogen am | nach |
|---|---|---|---|---|---|---|---|---|
| | Seit Geburt | | | | | | 14.4.36 | Breslau, Kirschallee 3 |
| ...3.37 | Breslau, Kirschallee | 233 | Eltern | | | | 15.4.37 | Florenz, Piazza ... (Italien) |
| ...6.38 | Florenz, Piazza ... (Italien) | " | " | | | | 18.11.39 | Washington USA |

▲ Abmeldung von Else Seligmann nach Washington D.C. (USA)

# Fluchtwege

# Wie Julius Philippsohn überlebte

Der jüdische Arzt Dr. Julius Philippsohn[1] (geb. 31.8.1897 in Stadthagen) war mit der Christin Marie Groneweg aus Weetzen verheiratet. Nachdem er zu seinem französischen Befreier beim Völkerbund in Genf geflohen war, versuchte er erneut vergeblich, in die USA auszuwandern. Schließlich wollte er nach Portugal gelangen, um dort einen Platz auf einem Auswandererschiff nach Südamerika zu bekommen. Doch die Hoffnung endete jäh: Im August 1939, unmittelbar vor Kriegsbeginn, wies ihn die Schweiz aus. In Frankreich wurde er, als Deutschland einen Monat später mit dem Überfall auf Polen den zweiten Weltkrieg begann, als „feindlicher Ausländer" in ein Internierungslager gesteckt. Im Februar 1940, so hielt er offenbar 1947 fest, *„konnte ich mich freiwillig gegen Hitlerdeutschland melden und war im Feldzug 1940 an der Front"*.

Im Februar 1941 wurde Julius Philippsohn im Vichy-Regime einer Kompagnie ausländischer Arbeiter zugewiesen. Dann kam er in das Internierungslager St.Germainles-Belles, anschließend ins Internierungslager Gurs. Schließlich wurde er im Internierungslager Septfonts festgesetzt.

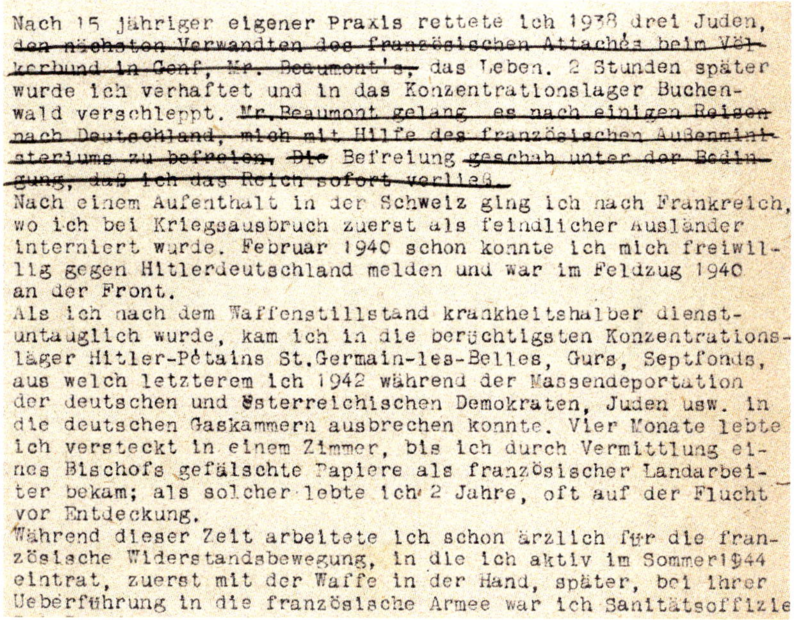
Nach 15 jähriger eigener Praxis rettete ich 1938 drei Juden, ~~den nächsten Verwandten des französischen Attachés beim Völkerbund in Genf, Mr. Beaumont's,~~ das Leben. 2 Stunden später wurde ich verhaftet und in das Konzentrationslager Buchenwald verschleppt. ~~Mr.Beaumont gelang es nach einigen Reisen nach Deutschland, mich mit Hilfe des französischen Außenministeriums zu befreien. Die~~ Befreiung ~~geschah unter der Bedingung, daß ich das Reich sofort verließ.~~
Nach einem Aufenthalt in der Schweiz ging ich nach Frankreich, wo ich bei Kriegsausbruch zuerst als feindlicher Ausländer interniert wurde. Februar 1940 schon konnte ich mich freiwillig gegen Hitlerdeutschland melden und war im Feldzug 1940 an der Front.
Als ich nach dem Waffenstillstand krankheitshalber dienstuntauglich wurde, kam ich in die berüchtigsten Konzentrationsläger Hitler-Pétains St.Germain-les-Belles, Gurs, Septfonds, aus welch letzterem ich 1942 während der Massendeportation der deutschen und österreichischen Demokraten, Juden usw. in die deutschen Gaskammern ausbrechen konnte. Vier Monate lebte ich versteckt in einem Zimmer, bis ich durch Vermittlung eines Bischofs gefälschte Papiere als französischer Landarbeiter bekam; als solcher lebte ich 2 Jahre, oft auf der Flucht vor Entdeckung.
Während dieser Zeit arbeitete ich schon ärzlich für die französische Widerstandsbewegung, in die ich aktiv im Sommer 1944 eintrat, zuerst mit der Waffe in der Hand, später, bei ihrer Ueberführung in die französische Armee war ich Sanitätsoffizie

▲ Nach 1945 entwarf Julius Philippsohn seinen Lebenslauf.

1 Quellen zum Abschnitt „Julius Philippsohn": NLA Hann.210 Acc.2004/025 Nr.1617 und 2222; Dr.Julius Philippsohn, Antrag vom 18.9.1953 und Beilage (Kopie im Privatarchiv des Autors); Lebenslauf des Julius Philippsohn, undatiert (anscheinend 1947 erstellt; Kopie im Privatarchiv des Autors).

Im August 1942 gingen die Nazis, entsprechend den Beschlüssen der Wannsee-Konferenz, daran, zahlreiche Juden aus den französischen Internierungslagern nach Auschwitz zu deportieren. Julius Philippsohn, der als Lagerarzt in Septfonts tätig war, erfuhr davon. Deshalb brach er am 25.August aus dem Lager aus. In seinem Bericht, den er nach Januar 1947 verfasst hat, heisst es: *„Im August 42 entwich ich während der Massendeportation der deutschen Juden und Antifaschisten in die … Gaskammern. Vier Monate lebte ich versteckt in einem Zimmer ohne Papiere. Dann verschaffte mir ein Kapuzinerpater falsche Papiere nach Aufforderung durch einen Bischof, unter denen ich, der französischen Sprache nicht völlig mächtig, zwei Jahre lang als französischer Gärtner und Landarbeiter, immer auf der Flucht, lebte; während dieser Zeit arbeitete ich schon ärztlich für die Widerstandsbewegung."* In seinem falschen Pass war er als „Jules Schuman" ausgewiesen.

Im August 1944 trat „Jules Philippsohn" auch offiziell in die französische Widerstandsbewegung „Resistance" ein und erhielt den Decknamen „Mathieú". Aus einem Ausweispapier vom Januar 1945 geht hervor, dass er sich eine österreichische Identität zugelegt hatte: „Jules Philippsohn" selber war auf dem Papier mit der Österreicherin „Herta geb. Boehrer" verheiratet. Mit deren Tochter „Lisette", die in Wien geboren worden ist, bildeten Jules und Herta die Familie Philippsohn im südwestfranzösischen Montauban (Tarnet-Garonne). Tatsächlich jedoch, so weiß es jedenfalls die Familie Philippsohn, haben Herta Böhrer und Julius Philippsohn erst 1947 in Wien geheiratet.

▲ **1932**
Dr. Julius Philippsohn als Arzt in Ronnenberg

▲ **1938**
Kahlgeschoren aus dem KZ zurück

▲ **1942**
Als Landarbeiter „Jules Schuman" in Frankreich

▲ **1944**
Sanitäts-Offizier Jules Philippsohn in der „Resistance".

Nom : PHILIPPSOHN

Prénoms : Jules

Grade : Lieutenant Médecin

Date et lieu de naissance : 31.8.97.

Stadthagen

Signalement :

Affectations successives :

Personne à prévenir en cas

Dr Philippsohn

Jules

◂ Militärausweis des Sanitäts-Leutnants Jules Philippsohn

FORCES FRANÇAISES DE L'INTÉRIEUR

CARTE D'IDENTITÉ

Région : Toulouse

Département : Tarn et Gne

Bataillon : Louis Sabatié

4 Compagnie : Brousseus

DIE N° 72293

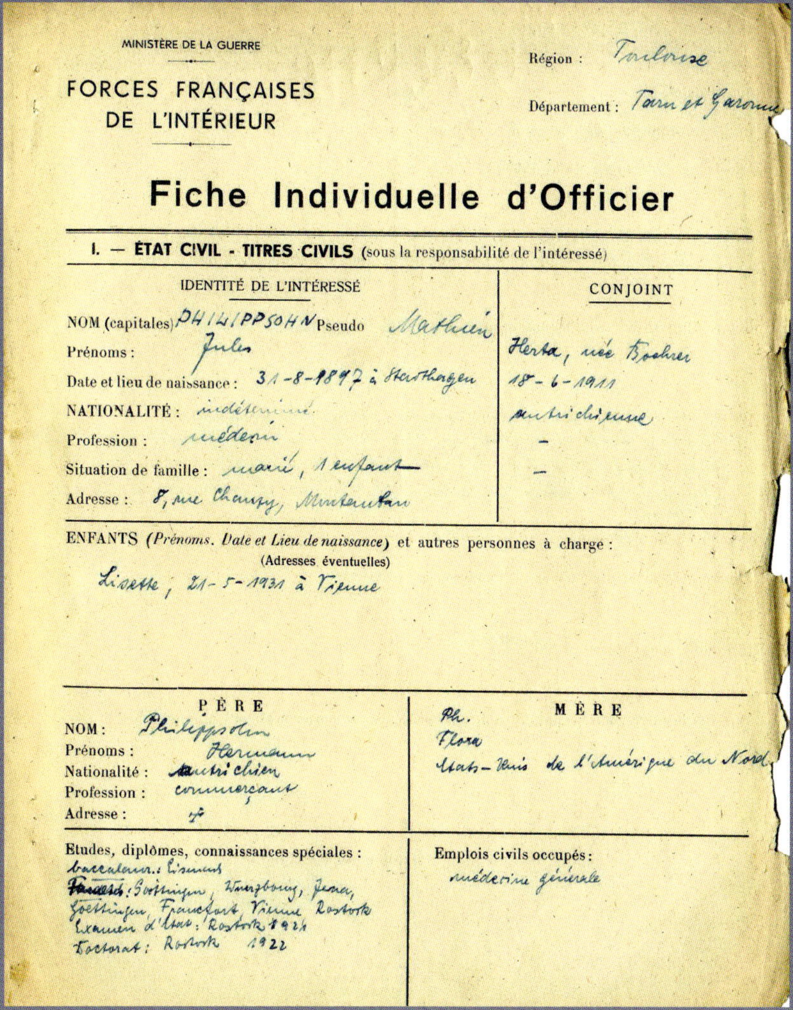

MINISTÈRE DE LA GUERRE

FORCES FRANÇAISES DE L'INTÉRIEUR

Région : Toulouse

Département : Tarn et Garonne

## Fiche Individuelle d'Officier

I. — ÉTAT CIVIL - TITRES CIVILS (sous la responsabilité de l'intéressé)

| IDENTITÉ DE L'INTÉRESSÉ | CONJOINT |
| --- | --- |
| NOM (capitales) PHILIPPSOHN Pseudo Mathieu | |
| Prénoms : Jules | Herta, née Trinkhaus |
| Date et lieu de naissance : 31-8-1897 à Stadthagen | 18-6-1911 |
| NATIONALITÉ : indéterminé | autrichienne |
| Profession : médecin | – |
| Situation de famille : marié, 1 enfant | – |
| Adresse : 8, rue Chaugy, Montauban | |

ENFANTS (Prénoms. Date et Lieu de naissance) et autres personnes à charge : (Adresses éventuelles)

Lisette, 21-5-1931 à Vienne

| | PÈRE | MÈRE |
| --- | --- | --- |
| NOM : | Philippsohn | Ph. |
| Prénoms : | Hermann | Flora |
| Nationalité : | autrichien | Etats-Unis de l'Amérique du Nord |
| Profession : | commerçant | |
| Adresse : | † | |

Etudes, diplômes, connaissances spéciales :
baccalauréat : Cismund
Facultés : Goettingen, Wurzburg, Jena, Goettingen, Francfort, Vienne, Rostock
Examen d'Etat : Rostock 1921
Doctorat : Rostock 1922

Emplois civils occupés : médecine générale

▴ Philippsohns Meldebescheinigung vom Januar 1945.

# Kennzeichnungen

Seit Herbst 1938 wurden mehrere Verordnungen erlassen, um die Juden zu kennzeichnen. Die Maßnahmen verschärften ihre Ausgrenzung, die bereits 1933 begonnen hatte. Sie erleichterten es den Nazis, sie aufzufinden und erschwerten ihnen die Flucht.

Im Oktober 1938 mussten alle Juden ihre Reisepässe abgeben. Den neuen Ausweisen war ein rotes „J" eingestempelt, der sogenannte Judenstempel. Grundlage war die Verordnung über Reisepässe von Juden vom 5. Oktober 1938. Durch den J-Stempel konnten jüdische Flüchtlinge bei einem Grenzübertritt sofort identifiziert werden. Dies konnte auch bedeuten, dass einem Juden die Einreise in ein erhofftes Zufluchtsland verwehrt wurde.

Seit dem 1. Januar 1939 mussten Juden, die nicht schon „jüdische" Vornamen trugen, zusätzlich den Namen „Sara" bzw. „Israel" annehmen. Sie hatten entsprechende Kennkarten bei sich zu führen – eine weitere Maßnahme, um sie zu kennzeichnen.

Am 19. September 1941 wurden die deutschen Juden durch eine „Polizeiverordnung" verpflichtet, einen gelben Stern auf ihrer Kleidung zu tragen (vgl. S. 33). Das bedeutete weitere soziale Isolation und Stigmatisierung. U.a. war es eine sichtbare Maßnahme, um den Holocaust leichter durchführen zu können.

▾ Neue Form des Reisepasses für Siegfried Seligmann

◂ Als Heinz Seligmann im Jahre 1937 nach Brasilien reiste, trug sein Ausweis noch kein „J". Im Oktober 1938 stempelte die Deutsche Botschaft in Rio de Janeiro das rote „J" auf seinen Reisepass.

Der „Judenstern“

Im besetzten Belgien trat die Kennzeichnungspflicht für die Juden am 3. Juni 1942 in Kraft. Die Brüsseler Bürgermeister verweigerten jedoch ihre Mitarbeit, weil der Judenstern die „Würde eines jeden Menschen“ verletze. Aber die jüdischen Verbände in Belgien wurden von den Nazis gezwungen, den „Judenstern“ zu verteilen.

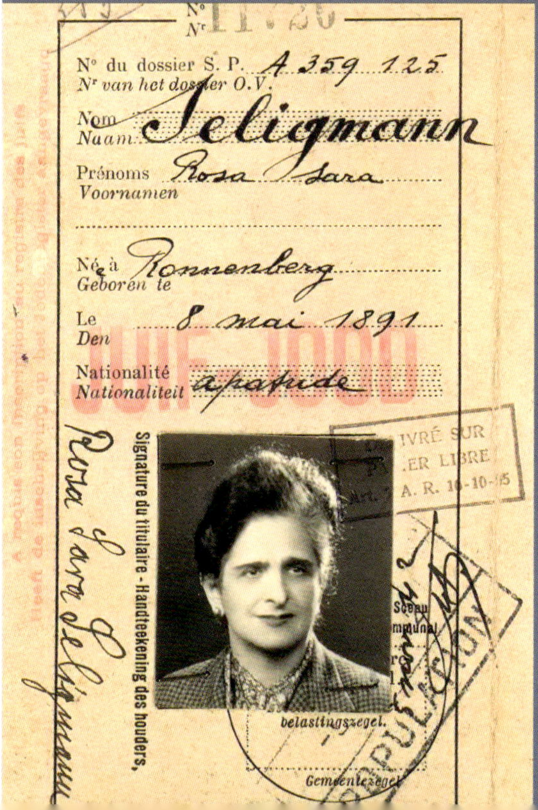

N° du dossier S. P. A 359 125
Nr van het dossier O.V.

Nom / Naam Seligmann

Prénoms / Voornamen Rosa Sara

Né à / Geboren te Ronnenberg

Le / Den 8 mai 1891

Nationalité / Nationaliteit apatride

JUIF JOOD

Signature du titulaire - Handteekening des houders,

Rosa Sara Seligmann

belastingszegel.

Gemeentezegel

Auf den belgischen Ausweis, den Rosa Seligmann am 23. Mai 1940 erhalten hatte, wurde später das französische und flämische „Juif-Jood“ eingestempelt.

▲ Auch Arondine (Karo)lina Cohen hatte ihren Namen zu ändern. In einem Luftpostbrief, den sie am 17. Dezember 1940 an ihren Sohn Iwan Cohen in den USA schrieb, kam ihr Rufname „Lina“ nicht vor. Als Absender gab sie an: „Arondine Sara Cohen“.

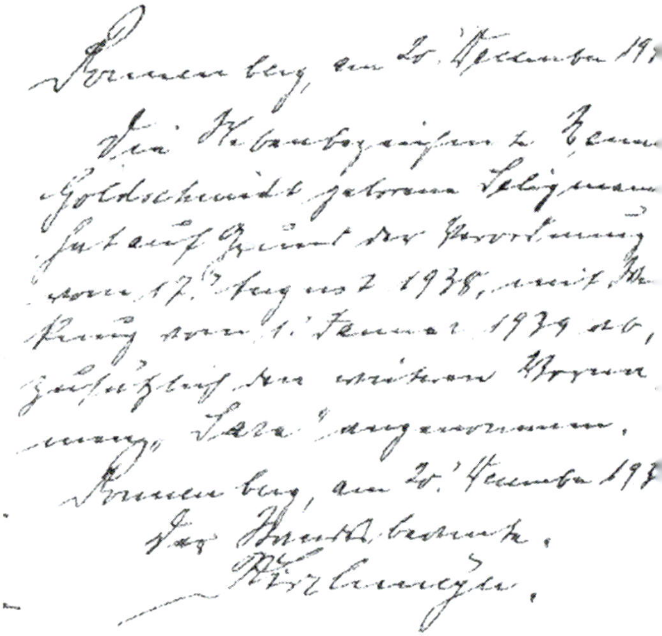
Ronnenberg, am 20. Dezember 19[illegible]
Die [illegible] Henni Goldschmidt geborene Seligmann hat auf Grund der Verordnung vom 17. August 1938, mit Wirkung vom 1. Januar 1939 ab, zusätzlich den weiteren Vornamen „Sara“ angenommen.
Ronnenberg, am 20. Dezember 19[illegible]
Der Standesbeamte.
Kirchmeyer.

▲ Ronnenbergs Bürgermeister Kirchmeyer vermerkte die Namensänderungen eigenhändig zum Beispiel im Heiratsregister für die Witwe „Henni Goldschmidt geborene Seligmann“, die in Kleinfreden bei Alfeld lebte.

# Auf der „St. Louis“

Im März 1939 waren Harry und Frieda Seligmann auf der MS „Orinoco“ nach Kuba gelangt. Dort warteten sie auf die Visa für die USA. Die kubanische Regierung gab ihnen Asyl. Am 13. Mai begaben sich die Geschwister Max und Rosa Seligmann sowie die Familie des Cousins Siegfried Seligmann mit Alma und Ursula Seligmann hoffnungsvoll auf die gleiche Route. Ihr Dampfer war die MS "St. Louis".

Viele der 937 jüdischen Passagiere der „St. Louis“ wussten, dass ihnen, wenn sie geblieben wären, das KZ gedroht hätte, in dem Siegfried und Max Seligmann bereits nach der Reichspogromnacht gewesen waren. Den Auswanderern war unbekannt, dass ihre Schiffsreise von den Nazis nur aus Propagandagründen zugelassen worden war. Die internationale Öffentlichkeit sollte nach der Reichspogromnacht und nach den Deportationen ins KZ beruhigt werden: Alle deutschen Juden können frei reisen.

▲ Max Seligmann

▲ Rosa Seligmann

▲ Alma Seligmann

▲ Ursula Seligmann

▲ Siegfried Seligmann

Aus Havanna kam unmittelbar vor der Abfahrt die Nachricht, es gebe womöglich Probleme mit den Einreisedokumenten. Die Schiffsbesatzung sagte es den Passagieren nicht. Am 27. Mai ging das Kreuzfahrtschiff in Havanna vor Anker. Überschwänglich trugen viele Passagiere ihre Koffer an Deck. Einige Boote bewegten sich auf die "St. Louis" zu. Die Insassen waren Verwandte und Freunde, die bereits auf Kuba weilten. Man winkte sich zu.

▲ MS „St.Louis“

▲ Vor der Abreise aus Hamburg: Vier Brüder aus München auf de
„St. Louis“.

Ehefrau

Unterschrift des Paßinhabers

Harry Israel Seligmann

~~und seiner Ehefrau~~

Es wird hiermit bescheinigt, daß der Inhaber die durch das obenstehende Lichtbild dargestellte Person ist und die darunter befindliche Unterschrift eigenhändig vollzogen hat.

Hannover, den 23. März 1939

Der Landrat.

▲ Max und Rosa Seligmann wurden in Havanna von ihrem Bruder Harry erwartet, der im März 1939 ausgewandert war.

▲ 27. Mai 1939 in Havanna: An Bord der "St.Louis" sichten Passagiere einige Boote vermutlich mit Verwandten, die sich auf das Schiff zubewegen.

# Die Tragödie der „St. Louis“

Im Hafen von Havanna erlebten die fünf Ronnenberger Juden eine herbe Enttäuschung. Sie durften nicht von Bord. Der kubanische Staatspräsident Bru hatte die ursprünglichen Genehmigungen zur Einreise zurückgezogen. Weil sich schon mehr als 2500 Juden in Kuba aufhielten, konnte dort die antijüdische Stimmung bewusst geschürt werden. Daran hatte der deutsche Geheimdienst mitgewirkt – unter dem Motto: „Wir lassen die Juden ziehen, aber keiner will sie haben.“[2]

Nur 22 jüdische Passagiere durften mit vier Spaniern und zwei Kubanern das Schiff verlassen. Und die US-amerikanische Regierung war nicht bereit, das festgelegte Einwanderungskontingent zu lockern. Passagiere schickten Bittbriefe an Präsident Roosevelt. Der Präsident aber schwieg.

Am 2. Juni lichtete die MS „St. Louis“ die Anker und verließ Havanna. Der Versuch des Kapitäns, einen Teil der Passagiere in Florida mit Rettungsbooten an Land abzusetzen, scheiterte an der US-amerikanischen Küstenwache. Der Dampfer irrte umher. Am 6. Juni erhielt der Kapitän von seiner Reederei die Order, mit den verhinderten Emigranten nach Hamburg zurückzukehren. Viele Passagiere fürchteten, dass sie nun in Konzentrationslager deportiert würden. Die Rückfahrt der „St. Louis“ war deshalb für sie ein grausames Erlebnis. Einige gerieten in Panik, manche drohten mit Selbstmord und Meuterei.

Zwischen dem 10. und 13. Juni 1939 erklärten sich vier europäische Länder bereit, Passagiere der „St. Louis“ aufzunehmen: Großbritannien 288; Frankreich 224; Belgien 214; die Niederlande 181 Personen.

2 Die Tragödie ist in Buch und Film dargestellt worden.

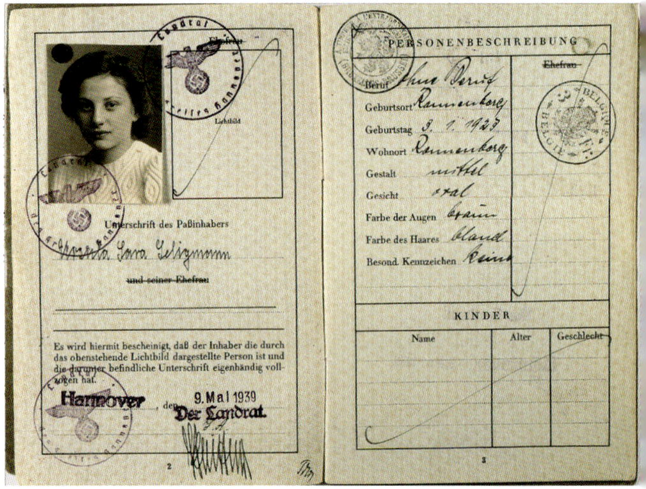

Ehefrau
Lichtbild
Unterschrift des Paßinhabers
Ursula Sara Seligmann
und seiner Ehefrau
Es wird hiermit bescheinigt, daß der Inhaber die durch das obenstehende Lichtbild dargestellte Person ist und die darunter befindliche Unterschrift eigenhändig vollzogen hat.
Hannover, den 9. Mai 1939
Der Landrat
2

PERSONENBESCHREIBUNG
Ehefrau
Beruf ohne Beruf
Geburtsort Ronnenberg
Geburtstag
Wohnort Ronnenberg
Gestalt mittel
Gesicht oval
Farbe der Augen braun
Farbe des Haares blond
Besond. Kennzeichen keine
KINDER
Name | Alter | Geschlecht
3

▲ Die Familie Siegfried Seligmann hatte in Deutschland alle Formalitäten fü
die Einreise in Kuba erledigt. Hier der Reisepass für Ursula Seligmann.

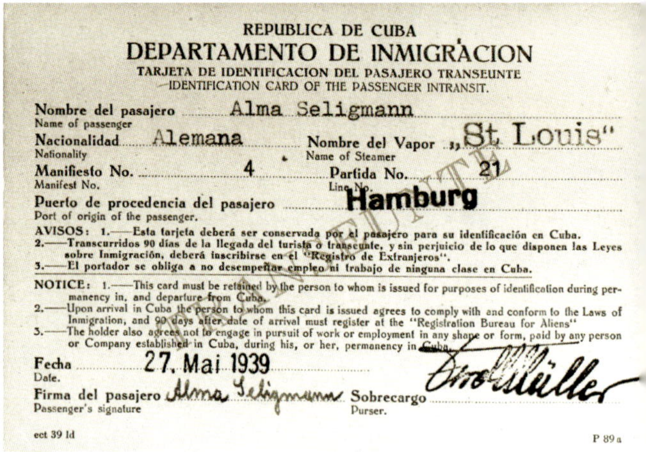

REPUBLICA DE CUBA
DEPARTAMENTO DE INMIGRACION
TARJETA DE IDENTIFICACION DEL PASAJERO TRANSEUNTE
IDENTIFICATION CARD OF THE PASSENGER INTRANSIT.

Nombre del pasajero / Name of passenger: Alma Seligmann
Nacionalidad / Nationality: Alemana
Nombre del Vapor / Name of Steamer: „St. Louis“
Manifiesto No. / Manifest No.: 4
Partida No. / Line No.: 21
Puerto de procedencia del pasajero / Port of origin of the passenger: Hamburg

AVISOS: 1.—Esta tarjeta deberá ser conservada por el pasajero para su identificación en Cuba.
2.—Transcurridos 90 días de la llegada del turista o transeunte, y sin perjuicio de lo que disponen las Leyes sobre Inmigración, deberá inscribirse en el "Registro de Extranjeros".
3.—El portador se obliga a no desempeñar empleo ni trabajo de ninguna clase en Cuba.

NOTICE: 1.—This card must be retained by the person to whom is issued for purposes of identification during permanency in, and departure from Cuba.
2.—Upon arrival in Cuba the person to whom this card is issued agrees to comply with and conform to the Laws of Inmigration, and 90 days after date of arrival must register at the "Registration Bureau for Aliens"
3.—The holder also agrees not to engage in pursuit of work or employment in any shape or form, paid by any person or Company established in Cuba, during his, or her, permanency in Cuba.

Fecha / Date: 27. Mai 1939
Firma del pasajero / Passenger's signature: Alma Seligmann
Sobrecargo / Purser.

ect 39 ld
P 89 a

▲ Das kubanische Einwanderungsministerium hatte der Familie Siegfriec
Seligmann die Einreise gestattet – hier für Alma Seligmann.

Am 17.Juni 1939, fünf Wochen nach der Abfahrt von Hamburg, legte die "St. Louis" in Antwerpen an. Die Geretteten, von denen viele jubelnd an Land gelangten, ahnten jedoch nicht, dass diejenigen, die nicht nach Großbritannien kamen, im zweiten Weltkrieg den Nazis erneut in die Hände fallen würden. Von den 623 Passagieren, die von Belgien, Holland und Frankreich aufgenommen wurden, überlebten nur etwa 40 den Holocaust. Dazu gehörten Siegfried, Alma und Ursula Seligmann.

In Antwerpen gingen zunächst diejenigen Flüchtlinge von Bord, die Verwandte in Belgien hatten oder eine Einreise-Erlaubnis in die USA erwarteten – also auch die fünf Ronnenberger. Die Familie Siegfried Seligmann wurde offenbar an Julius Seligmann (geb. 1877 in Ronnenberg) verwiesen. Max und Rosa Seligmann kamen in einer Notwohnung unter.

Die fünf Flüchtlinge mussten unterschreiben, dass sie nicht arbeiten würden. Ihren Lebensunterhalt fristeten sie aus geringen Zahlungen. Alle 14 Tage war Zahltag im Komitee des Jüdischen Hilfsvereins. Offenbar wurden sie aber auch durch ihre Cousine bzw. Tante Hete Vanderborght unterstützt.

▲ Als sich das Schiff auf Europa zubewegte, hatte es immer noch keine Landeerlaubnis. Dem Kapitän (Bildmitte) gelang es, bei den belgischen Behörden zu erreichen, dass die bedrohten Passagiere in Antwerpen an Land gehen durften.

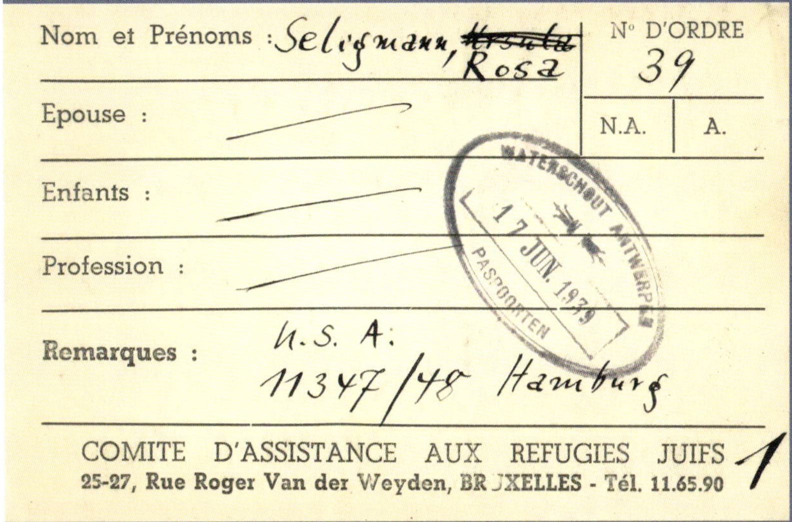

Nom et Prénoms : Seligmann, ~~Ursula~~ Rosa

N° D'ORDRE 39

Epouse :

N.A. | A.

Enfants :

Profession :

Remarques : U.S.A.: 11347/48 Hamburg

WATERSCHOUT ANTWERPEN 17 JUN. 1939 PASPOORTEN

COMITE D'ASSISTANCE AUX REFUGIES JUIFS 1

25-27, Rue Roger Van der Weyden, BRUXELLES - Tél. 11.65.90

▲ Nachweis des Komitees des Jüdischen Hilfsvereins in Brüssel, dass Rosa Seligmann beim Hamburger US-Konsulat unter „11347/48" registriert war und in Belgien auf ihr Visum für die USA wartete.

RAYE D'OFFICE 30 MAI 1941

Royaume de Belgique

Province de Brabant

Arrondissement de Bruxelles

Commune de SCHAERBEEK

N° 22.286. SP.39.

**1**

Numéro du dossier de la Sûreté Publique: A. 358.699.

Bulletin d'Etranger

| 1° Renseignements destinés à établir l'identité de | Nom et prénoms | Date et lieu de la naissance | Résidence actuelle |
|---|---|---|---|
| L'étranger | Seligmann Max Israel | Ronnenberg (All) 11-10-1882. | Av. C. Picquart 1. |
| ~~Sa femme~~ | | | |
| ~~Ses enfants~~ | | | |
| | f. de route dél. réf. S.S. St Louis val 20.11.39. | | |
| Nationalité allemande | | | |

| | |
|---|---|
| 2° Lieu et date de mariage | célibataire |
| 3° a) Prénoms, date et lieu de naissance et adresse du père | Adolf. |
| b) Nom, prénoms, date et lieu de naissance et adresse de la mère | Abrahamsohn Gina. |
| 4° Profession exacte | aucune (commerçant [illegible]) |
| 5° Domicile légal à l'étranger | Ronnenberg (All) Über den Becken 124. |
| 6° Dernière résidence à l'étranger | id. |
| 7° Date de l'arrivée en Belgique | 18 juin 1939 |
| 8° Résidence antérieure en Belgique | St Josse t N, rue H. Debeyn 3 A. (A 658) |

A Monsieur l'Administrateur de la Sûreté Publique

Place Poelaert, 4

BRUXELLES

◂ Wie Max Seligmann mussten alle Flüchtlinge einen Fragebogen über die Herkunft und das endgültige Reiseziel ausfüllen.

# In Brüssel

Auf der Flucht vor dem Naziterror hatten sich zwischen März und September 1939 acht Mitglieder der Ronnenberger Großfamilie Seligmann nacheinander und mehr oder weniger zufällig in Brüssel eingefunden.

Am 24. März 1939 kam Julius Seligmann aus Duisburg-Hamborn, der sich 1936 mit seiner Frau Alice in Ronnenberg niedergelassen hatte, über Köln „per Auto und zu Fuß“ nach Brüssel. Es gelang ihm, seine Frau am 4. Juni über Eupen nachzuholen. In Belgien versuchte das Ehepaar, Visa für die USA zu bekommen, wo ihr Sohn seit 1935 lebte.

Seit dem 18. Juni 1939 hielten sich die fünf Ronnenberger Flüchtlinge der "St.Louis" in Brüssel auf. Alle hatten die Absicht, in die USA zu emigrieren. Max und Rosa Seligmann hatten deshalb einen Teil des Gepäcks bereits an Verwandte in die USA geschickt. Den geringen Besitz, der ihnen verblieben war, ließen Siegfried, Alma und Ursula Seligmann von der Reederei in Hamburg über Aachen nach Brüssel kommen, um sich vorübergehend eine Wohnung einzurichten.

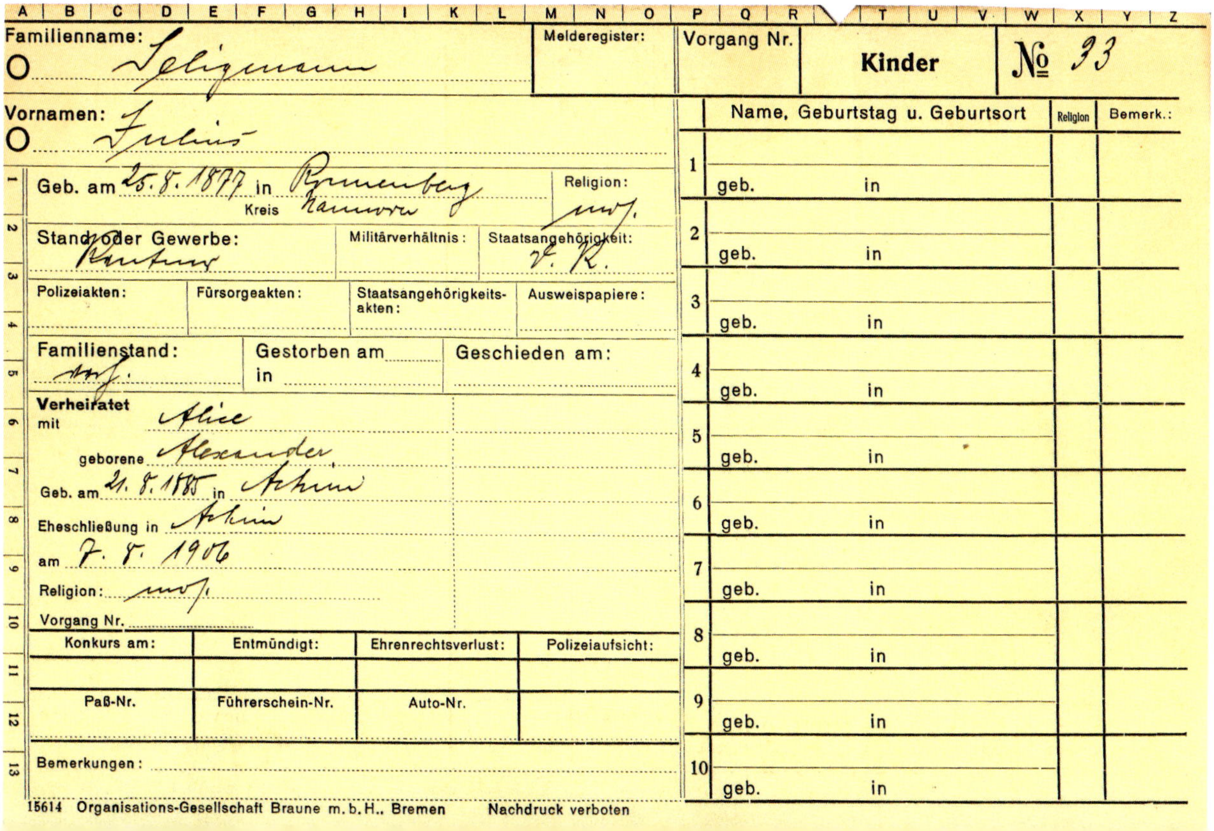
A B C D E F G H I K L M N O P Q R T U V W X Y Z

Familienname: Seligmann
Melderegister:
Vorgang Nr.
Kinder № 33

Vornamen: Julius

1 Geb. am 25.8.1877 in Ronnenberg, Kreis Hannover — Religion: mos.

2 Stand oder Gewerbe: Kaufmann — Militärverhältnis: — Staatsangehörigkeit: D. R.

3 Polizeiakten: — Fürsorgeakten: — Staatsangehörigkeitsakten: — Ausweispapiere:

4

5 Familienstand: verh. — Gestorben am ... in — Geschieden am:

6 Verheiratet mit Alice

7 geborene Alexander

Geb. am 21.8.1885 in Achim

8 Eheschließung in Achim

9 am 7.8.1906

Religion: mos.

10 Vorgang Nr.

11 Konkurs am: — Entmündigt: — Ehrenrechtsverlust: — Polizeiaufsicht:

12 Paß-Nr. — Führerschein-Nr. — Auto-Nr.

13 Bemerkungen:

| | Name, Geburtstag u. Geburtsort | Religion | Bemerk.: |
|---|---|---|---|
| 1 | geb. in | | |
| 2 | geb. in | | |
| 3 | geb. in | | |
| 4 | geb. in | | |
| 5 | geb. in | | |
| 6 | geb. in | | |
| 7 | geb. in | | |
| 8 | geb. in | | |
| 9 | geb. in | | |
| 10 | geb. in | | |

15614 Organisations-Gesellschaft Braune m.b.H., Bremen — Nachdruck verboten

◂ Nachdem Julius und Alice Seligmann aus Duisburg-Hamborn vertrieben worden waren, hatten sie sich 1936 in Ronnenberg niedergelassen, ehe sie beim Versuch, in die USA zu emigrieren, nach Brüssel gelangten.

Im August 1939 siedelte Hete Vanderborght geb. Abrahamsohn von Hannover nach Brüssel über. Sie hatte einen belgischen Holzhändler geheiratet und wohnte nunmehr mit ihm in der belgischen Hauptstadt. Ihre Mutter, Bertha Abrahamsohn, hatte in Hannover bleiben müssen. Sie lebte mit ihrer Schwester, Lina Cohen aus Ronnenberg, im Wohnheim der Minna-James-Heinemann-Stiftung. Durch mehr als 40 Postkarten und Briefe hielten die beiden Frauen engen Kontakt mit Hete Vanderborght und über sie auch mit den Ronnenberger Familienmitgliedern in Brüssel. Mehrere Postkarten schrieb Bertha Abrahamsohn außerdem an ihre Tochter Alice Gramegna, die einen Italiener geheiratet hatte und in Genua lebte. Des weiteren korrespondierte im Auftrag der beiden Frauen auch Martha Liepmann, Lina Cohens Tochter, mit Hete Vanderborght, bis sie 1941 von Hannover nach Riga deportiert wurde.

▾ 1945 schilderte Hete Vanderborght in einem Brief an Iwan Cohen in den USA (hier ein Ausschnitt), wie sie Mutter und Tante in der Minna-James-Heinemann-Stiftung Hannover untergebracht hatte.

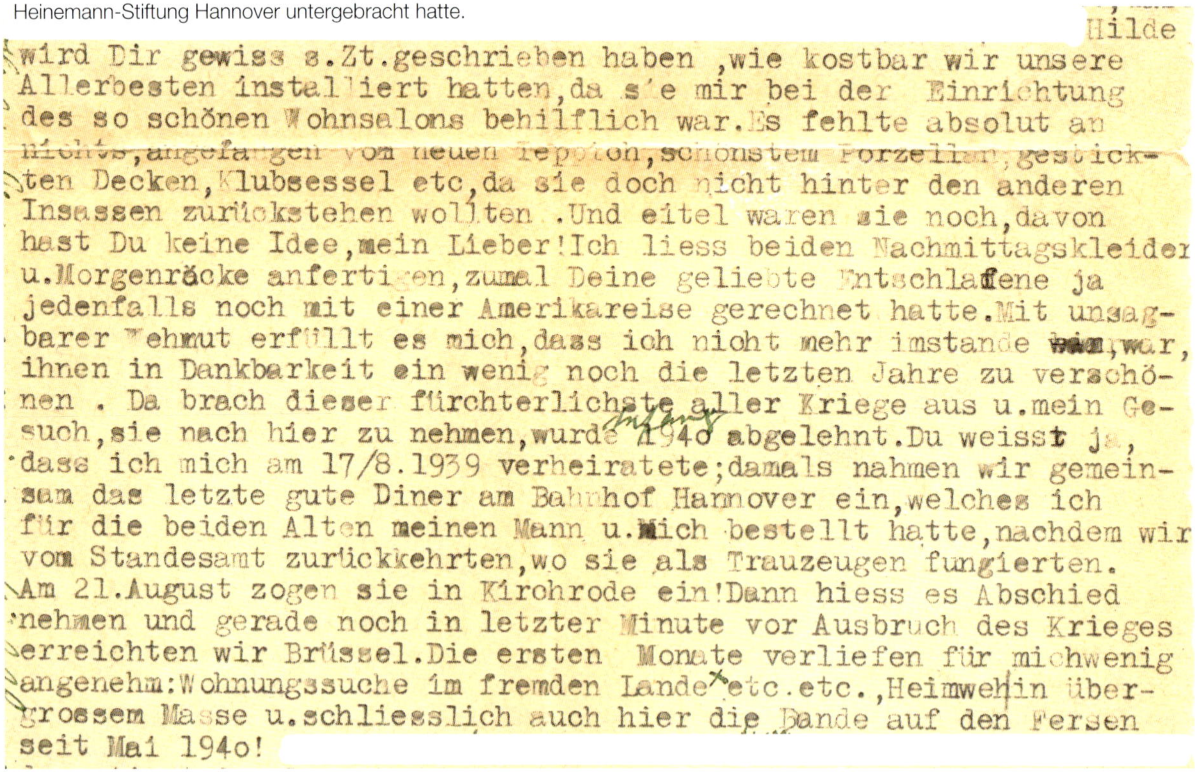

Hilde wird Dir gewiss s.Zt.geschrieben haben ,wie kostbar wir unsere Allerbesten installiert hatten,da sie mir bei der Einrichtung des so schönen Wohnsalons behilflich war.Es fehlte absolut an nichts,angefangen von neuen Teppichen,schönstem Porzellan,gestickten Decken,Klubsessel etc,da sie doch nicht hinter den anderen Insassen zurückstehen wollten .Und eitel waren sie noch,davon hast Du keine Idee,mein Lieber!Ich liess beiden Nachmittagskleider u.Morgenröcke anfertigen,zumal Deine geliebte Entschlafene ja jedenfalls noch mit einer Amerikareise gerechnet hatte.Mit unsagbarer Wehmut erfüllt es mich,dass ich nicht mehr imstande war, ihnen in Dankbarkeit ein wenig noch die letzten Jahre zu verschönen . Da brach dieser fürchterlichste aller Kriege aus u.mein Gesuch,sie nach hier zu nehmen,wurde 1940 abgelehnt.Du weisst ja, dass ich mich am 17/8.1939 verheiratete;damals nahmen wir gemeinsam das letzte gute Diner am Bahnhof Hannover ein,welches ich für die beiden Alten meinen Mann u.mich bestellt hatte,nachdem wir vom Standesamt zurückkehrten,wo sie als Trauzeugen fungierten.
Am 21.August zogen sie in Kirchrode ein!Dann hiess es Abschied nehmen und gerade noch in letzter Minute vor Ausbruch des Krieges erreichten wir Brüssel.Die ersten Monate verliefen für michwenig angenehm:Wohnungssuche im fremden Lande etc.etc.,Heimweh in übergrossem Masse u.schliesslich auch hier die Bande auf den Fersen seit Mai 1940!

▸ Rue Vandermeersch in Brüssel. Im vierten Haus auf der linken Straßenseite wohnten Julius und Alice Seligmann.

▸ In der Avenue Julien Hanssens 29, Etage III (2.Gebäude von links), wohnten Hete und ihr Mann Henri Vanderborght.

▸ Siegfried, Alma und Ursula Seligmann richteten sich eine Dreizimmer-Wohnung in der Rue Colonel Picquart 1 im Brüsseler Stadtteil Schaerbeek ein. Auch Max und Rosa Seligmann bezogen in dem Haus eine (vermutlich eigene) Wohnung. Den berühmten rotweißen Backsteinbau, das Bahnhofsgebäude von Schaerbeek, 1913 im flämischen Neorenaissance- Stil errichtet, hatten die geflüchteten Ronnenberger täglich vor Augen. Sie lebten in dem Haus auf der linken Seite.

10° Nature des papiers, leur état, autorités qui les ont délivrés, lieu et date de leur délivrance ; — Passeport n°I46(marqué J en rouge),délivré à Hannov le 9/5/39,par la Police;valable un an;non visé

11° Est-il réfugié politique ? — Réfugié juif débarqué du navire St Louis

12° Conduite et moyens d'existence. Antécédents en Belgique ou à l'Étranger ;

13° Est-il intentionné de résider en Belgique pendant plus de six mois ? — XXX Non

14° OBSERVATIONS — Feuille de route valable jusqu'au 30 novembre I939.

Je soussigné déclare n'avoir encouru aucune condamnation

SIGNATURE DE L'ÉTRANGER,

Max Seligmann

*Saint-Josse-ten-Noode, le* I0/7/39

POUR LE BOURGMESTRE

G.V. L'ECHEVIN-DÉLÉGUÉ,

…RAPHIE RÉCENTE de l'épouse

Sceau … Commune

**Empreintes roulées de la main droite**

| | POUCE | INDEX | MAJEUR | ANNULAIRE | AURICULAIR… |
|---|---|---|---|---|---|
| du mari | | | | | |
| de l'épouse | | | | | |

▸ Alle Flüchtlinge (hier Max Seligmann) mussten sich in Brüssel registrieren und die Fingerabdrücke abnehmen lassen.

# Von Belgien nach Frankreich

Am 9./10.Mai 1940 begann der deutsche Angriff auf das neutrale Belgien. Die acht nach Brüssel entkommenen Verwandten wurden jäh auseinandergerissen. Denn bevor die deutschen Truppen in die belgische Hauptstadt einrückten, wurden deutsche männliche Juden als „feindliche Ausländer" festgenommen. Obwohl sie politisch ungefährlich waren, wurden die jüdischen Flüchtlinge ungeachtet des Asylrechts von der Polizei und der Bevölkerung wie deutsche Spione behandelt und abtransportiert. Dazu gehörten Max und Siegfried Seligmann, die nach Frankreich abgeschoben wurden.

Julius Seligmann, der über 70 Jahre alt war, durfte bleiben. Da er fürchtete, während der zu erwartenden deutschen Besatzung in Belgien verhaftet zu werden, machte er sich mit seiner Frau Veilchen Alice auf den Weg nach Lissabon, um von dort möglichst in die USA zu gelangen. Ihnen schlossen sich Alma und Ursula Seligmann an, um Siegfried und Max Seligmann in Frankreich zu suchen. Rosa Seligmann und die verheiratete Neu-Belgierin Hete Vanderborght blieben zurück.

Julius Seligmann wurde an der belgisch-französischen Grenze von den Frauen getrennt und über Tournai in das französische Internierungslager St.Cyprien gebracht. Max und Siegfried Seligmann wurden ebenfalls nach St.Cyprien transportiert. Laut Else Seligmann, der Tochter Siegfried Seligmanns, sind es *„schreckliche Tage in geschlossenen Eisenbahn-Frachtwagen"*[3] gewesen.

▲ Julius Seligmann

▲ Veilchen Alice Seligmann

▲ Ursula Seligmann

▲ Alma Seligmann

Alma und Ursula Seligmann wurden durch die französische Polizei verhaftet, als sie sich in Paris aufhielten. *„Sie wurden in das Lager Gurs geschickt, wo sie unter schwerster Entbehrung und unter Krankheit litten"*[4] .

1943 hat Julius Seligmann auf 20 Din-A4-Schreibmaschinenseiten seine Erlebnisse während der Internierung beschrieben.

3 Seligmann, Else, a.a.O.

4 Ebd.

Statt der sehnsüchtig erwarteten "Elektrischen " erschien,wie aus dem Boden gestampft,ein starkes belgisches Polizeiaufgebot.Meine Damen wurden ängstlich,ich beruhigte sie aber,indem ich ihnen sagte,uns könnte nichts widerfahren.Wir ständen als anerkannte belgische Flüchtlinge mit giltigen belgischen Papieren versehen unter dem Schutze dieses Staates,ob wir deutsche Staatsangehörige seien oder nicht,spiele dabei keine Rolle.

◂ Die vier Flüchtlinge waren zunächst aus Brüssel nach Tournai gelangt. Von dort suchten sie, nach Frankreich zu kommen

Ichwurde von meinen Damen getrennt und musste mich langen Kolonnen von Männern,die zur Verladung bereits dort standen,anschliessen.In ausrangierte klapperige Güterwagen wurden alle verstaut und ehe ich mich versah,befand ich mich mit vierzig anderen Leidensgefährten in einem solchen rollenden Sarg. Der Boden war mit hartgewordenen Schmutz fingerdick bedeckt,es gab weder Stroh noch Decken, man musste sich zum Ausruhen buchstäblich in den Dreck legen.

Die kleinen Fenster waren mit Brettern zugenagelt und als die Tür geschlossen wurde,war es dunkle Nacht um uns. So verbrachten wir noch einige Stunden und waren froh,als der Zug sich in Bewegung setzte und frische Luft durch die Ritzen eindringen konnte.Diese alten Viehwagen hatten weder eigene noch durchgehende Bremsen,was sich bei der ungeheuren Länge des Zuges sehr unangenehm bemerkbar machte.So wurden wir beim Bremsen und Anfahren heftig durcheinander geschüttelt undwer nicht aufpasste,flog auf den Boden.

◂ Die Hoffnung trog. Die Polizei schaffte die Vier auf den Güterbahnhof in Tournai und trennte Julius Seligmann von den Frauen.

Ein unsichtbarer Gast hatte sich bei uns eingeschlichen,seine Anwesenheit wirkte bereits verheerend auf unseren Gemütszustand. Dieser neue Reisebegleiter war der Würger alles Lebenden,der Durs Die Schreie nach Wasser aus hunderten Kehlen nahmen kein Ende, sie verhalten auch wirkungslos,die sadistischen Wächter zeigten kein Erbarmen.Im Gegenteil sie wünschten uns ein baldiges Verrekken. An jedem Wagen prangten in grossen Lettern die Worte,Spione, Parachutisten und Gefangene.

Es war kein Wunder,wenn unser Zug von der erregten Menge heftig mit Steinen bombardirt wurde.Fanatiker schrieen:Holt die Bande heraus und steckt den Zug in Brand.

▲ Tagsüber waren die verschlossenen Wagen in der Hitze abgestellt.

Zuerst wurde sämtliches Gepäck oberflächlich durchsucht und dann auf den Bahnsteig geworfen. In meinem Koffer mochtees ihm der bunte Morgenrock meiner Frau angetan haben. Der Hauptmann fragte mich was das für ein Ding sei. Ohne meine Antwort abzuwarten, bearbeitete er mich wie ein Wilder mit der Peitsche und schrie unter ständigem Schlagen: "Vous êtez paratuchist !" (Fallschirmabspringer) Als ich auf mein weisses Haar zeigte, verletzte er mich weiter an Händen und Gesicht. Die beiden Räuber in Offiziers Uniform führten die Leibesvisitationen dann noch gründlich durch, denn sie nahmen alles, was ihnen in die Hände fiel. Meine Portemonnai mit wenigem Inhalt sollte er absichtlich gleich finden, um ihn von einer gründlichen Leibesvisitation abzuhalten. Trotzdem betastete er meine sämtlichen Taschen und fand den unglückseligen Füller, der zu meinem Pech zwischen dem Futter an die Westentasche verrutscht war. Mit den Worten: Ah !da werden wir noch mehr finden ! zerschnitt er mit dem Messer meine Weste fünf mal und fand dadurch mein

gesammtes Geld, was er behaglich an sich nahm. Der famose Kapitain liess mich dann noch splitternackt ausziehen und unterzog Hemd und Unterkleidung einer Untersuchung. Meinen an der Wand hängenden Paletot zerschnitt er ebenfalls an meheren Stellen und warf ihn in den Schmutz. Mein Ring war glücklicherer Weise durch die Ein - schnittstellen auf den Boden gefallen, wo ich ihn am anderen Morgen wiederfand. Mein Liegenachbar hatte mehr Glück mit dem ihm von mir angegebenen Versteck, er rettete den grössten Teil seines Geldes. Der belgische Räuber nahm mir inzwischen Uhr und Kette ab, selbst meinen Trauring hiessen sie mitgehen. So raubten diese beiden Helden den ganzen Zug aus, gewaltige Summen fielen ihnen in die Hände.
Ein Beweis, dass es sich um gemeinen Raub handelte, ist doch der, dass keinerlei Quittungen ausgestellt wurden. Im Gegenteil, wer eine solche sich erbat, erhielt sie mit der Reitpeitsche

◂ In Frankreich wurden die Flüchtlinge von der Begleitung, einem belgischen und einem französischen Offizier, ausgeraubt.

Der französische Hauptmann trug an seinem Kragen die Nummer 605 und war dem Bezirk Orlèans zugeteilt. Hierzu möchte ich gleich erwähnen, dass sechs Wochen später hunderte von Beraubten vom Camp St. Cyprien aus Anklage wegen Raub erhoben. Die Anklageschriften wurden aus dem Lager geschmuggelt+gingen ab Perpignan unter Einschreiben an den Ersten Staatsanwalt, den französ. Innenminister sowie den Kriegsminister, dem Lagerkommandanten wurde eine Abschrift zur Kenntnisnahme überreicht. Die ganze Action verlief wie das Hornberger Schiessen, ich habe nie gehört, dass gegen die Räuber etwas unternommen wurde. Ein grosser Teil der Flüchtlinge sind bettelarm geworden, irgend eine Entschädigung haben sie wohl nie zu erwarten

‣ In Orleans wurden die Gefangenen durch die Stadt getrieben.

Zu vieren traten wir den Marsch durch die Stadt an. Bisher hatte ich nur wenige meiner Reisegefährten gesehen, aber jetzt konnte ich mir ein Bild davon machen, was diese sechstägige Höllenfahrt für Verwüstungen an diesen Menschen angerichtet hatte. Es ist garnicht zu beschreiben, welche Jammergestalten sich da fortbewegten, fahle abgezehrte Gesichter mit total verschmutzter Kldung und kaum fähig, zu gehen. Viele mussten beim Gehen gestütztwerden, andere humpelten einher, im Ganzem ein Bild des Grauens. Das Widerlichste war, dass derselbe Hauptmann No. 605 uns anführte. Mit hochgeschwungener Reitpeitsche lief er wie ein Viehtreiber vor dem Zug her und feuerte die abgehetzten Menschen zu schnellerem Gehen an. Wir wurden von der Bevölkerung mit den wüstesten Schimpfnamen belegt, mit Totschlagen bedroht, angespieen und verschiedentlich getreten.

# Aus französischen Lagern in die USA

Siegfried Seligmann 6701. 14th Str. N.W. Washington D.C.

124

'Eidesstattlich Erklaerung'

Ich, der unterzeichnete Siegfried Seligmann, erklaere hiermit eidesstattlich, dass ich im Mai 1940 von Bruessel aus in das Konzentrationslager 'St. Cyprien' Frankreich, abtransportiert wurde und nach einigen Monaten in das Konzentrationslager 'Gurs' geschickt wurde. Im Maerz 1941 wurde ich in das Lager 'Les Milles' verschickt. Ich war auch dort noch unter staendiger Bewachung und bekam nur die Erlaubnis zum Konsulat nach Marseille zu fahren, um meine Auswanderung zu Bearbeiten. Im November 1941 direkt vor meiner Auswanderung nach den Vereinigten Staaten von Amerika bekam ich meine Freiheit.

Washington D.C. 20. JUNI 1956

Siegfried Seligmann

▲ Eidesstattliche Erklärung von Siegfried Seligmann in einem Entschädigungsverfahren des Jahres 1956:

Im Lager St.Cyprien herrschten unmenschliche Bedingungen. Am 24.Juli 1940 schrieben die Internierten an das Internationale Rote Kreuz: *„Das Trinkwasser ist schlecht gefiltert, die Essenszubereitung katastrophal. Die Toiletten sind offen. Es gibt Fliegen in einer unerträglichen Menge. Mäuse, Ratten, Flöhe, Läuse und anderes Ungeziefer beherrschen das Strohlager. Die Baracken sind defekt, die Zahl der Internierten ist viel zu groß für sie. Praktisch sind fast keine Medikamente vorhanden, Desinfektionsmittel und Hygiene-Artikel."*[5] Als schwerer Regen das Lager überflutete, wurden Siegfried und Max Seligmann am 24. Oktober 1940 in das Lager Gurs gebracht. Die Spur von Julius Seligmann (geb. 1877) hatte sich verloren, bis er sich nach 1945 mit seiner Frau in New York befand.

5 Bervots, Marcel, La Liste de Saint-Cyprien, Bruxelles 2006, S.208.

die sanitären Zustände waren direkt Menschen unwürdig.Die Baracken ohne Fenster ohne Beleuchtung und ohne Betten.Man schlief auf dem mit Stroh bedeckten Sandboden und hatte eine kurze Decke,unter der man in den kühlen Nächten fror. Essgeschirr,Gabel und Messer sowie Löffel waren unbekannte Begriffe. Man musste sich eine alte Konserven-Büchse suchen,sie reinigen und als Mädchen für alles benutzen.

Wie wir das Essen dem Munde zuführen sollten,überliess der Kommandant den Fingern.Stühle und Tische waren Luxusgegenstände,sie gehörten anscheinend in dieses Camp nicht hinein.Der von den tausenden Menschen benutzte Sandboden war völlig verseucht.Die Pumpen lieferten wohl genügend Wasser,sie wurden auch von den Insassen,die durchweg auf Sauberkeit hielten,stark in Anspruch genommen,aber was nützte es,wenn der Abfluss des gebrauchten Wassers mangelhaft war.Man buddelte in der Nähe der Pumpen tiefe Löcher liess das Wasser hineinlaufen und versickern. Wenn nun ein solches Loch sich mit allerhand Abfällen in einigen Tagen gefüllt hatte und stank,wurde es zugeworfen und einige Meter weiter ein neues gegraben.Die Klosetverhältnisse lagen sehr im Argen,sie trugen auch dazu bei,dass 90 % der Insassen vom mit Fiber begleiteten Durchfall befallen wurden.Wir hatten genügend tüchtige Ärzte unter uns,sie konnten nicht helfen,weil Arzneimittel fehlten.Wehe dem,der ernstlich erkrankte,er konnte sich nur gleich sein Leichentuch bestellen.

Da es unmöglich war,Essgeschirr und sonstige Gebrauchgegenstände selbst gegen gutes Geld hereinzubekommen,griffen wir zur Selbsthilfe.Wir rissen das Holz von einigen leerstehenden Baracken ab, fertigten daraus kleine Hocker und Tische.Ein Vetter von mir schnitzte kunstgerecht Holzlöffel,ein anderer hämmerte sie aus altem Blech und verkauften sie.

▲ Aus den Schilderungen von Julius Seligmann über Erfahrungen im Lager St.Cyprien (redaktionelle Markierungen).

Alma Seligmann
6701 - 14th St. N. W.
Washington, D.C.USA

An die Entschaedigungsbehoerde
Hannover, Germany

Ich versichere hiermit eidesstattlich , dass ich im Mai 1940 in das Konzentrationslager Gurs kam und dort bis Mai 1941 eingesessen war. Ich war dann von Mai 1941 bis November 1941 im Auswanderungslager in Marseille, von dort wanderte ich in die Vereinigten Staaten von Amerika ein.

Washington D.C. den 20. Dezember 1954.

Alma Seligmann

Washington )
District of ) SS

▲ Eidesstattliche Erklärung von Alma Seligmann in einem Entschädigungsverfahren des Jahres 1954

Am 22. März 1941 wurden Max und Siegfried Seligmann von Gurs in das männliche Auswanderungslager „Camp des Milles“ geschafft. Auch dort standen sie unter Bewachung, durften aber nach Marseille reisen, um sich um ihre Ausreise in die USA zu bemühen. Alma und Ursula Seligmann dagegen waren weiterhin in Gurs festgesetzt, ohne zu wissen, wo sich die beiden Männer befanden. Am 15. Mai 1941 wurden Mutter und Tochter nach Marseille in das Auswanderungslager für Frauen „Hotel Terminus de Porte“ verlegt, so dass auch sie sich aktiv um die Ausreise in die USA bemühen konnten. Am 5.November 1941 durften sie das Lager in Marseille verlassen, nachdem Siegfried Seligmann bereits am Tag zuvor in „Camp des Milles“ freigelassen worden war. Mit dem Schiff „Colonial“ gelangten Alma, Siegfried und Ursula Seligmann von Lissabon in die USA: Else Seligmann hatte nämlich im März 1941 in New York geheiratet. So war es dem jungen Ehepaar möglich, die Eltern und Schwester nachzuholen.

Dagegen musste Max Seligmann in Frankreich bleiben. Seine Verwandten in den USA, insbesondere die aus Ronnenberg entkommene Familie seines Bruders Harry, versuchten verzweifelt, ein Visum für ihn zu bekommen.

Als der Krieg sich Anfang 1940 nach Belgium und Frankreich erweiterte musste die ganze Familie fliehen.Nach langen schrecklichen Tagen in geschlossenen Eisenbahn Frachtwagen, kamen sie ins Konzentrationslager "Camps de Gurs" in Sued-Frankreich, wo diedeutsche Wehrmacht sie schon mit Bajonetts erwartete. Dort lebten sie in unmenschlichen Zustaenden, oefters hungrig und unterernaehrt bis wir endlich in der U.S.A. das noetige Visum ausstellen konnten um sie zu befreien. Gluecklicherweise war es noch zur rechten Zeit um den Transport zu den Vernichtungslagern zu vermeiden.

▲ Aus dem Bericht, den Else Seligmann (hier beim Eintrag in das Gästebuch) 1998 der Stadt Ronnenberg gegeben hat.

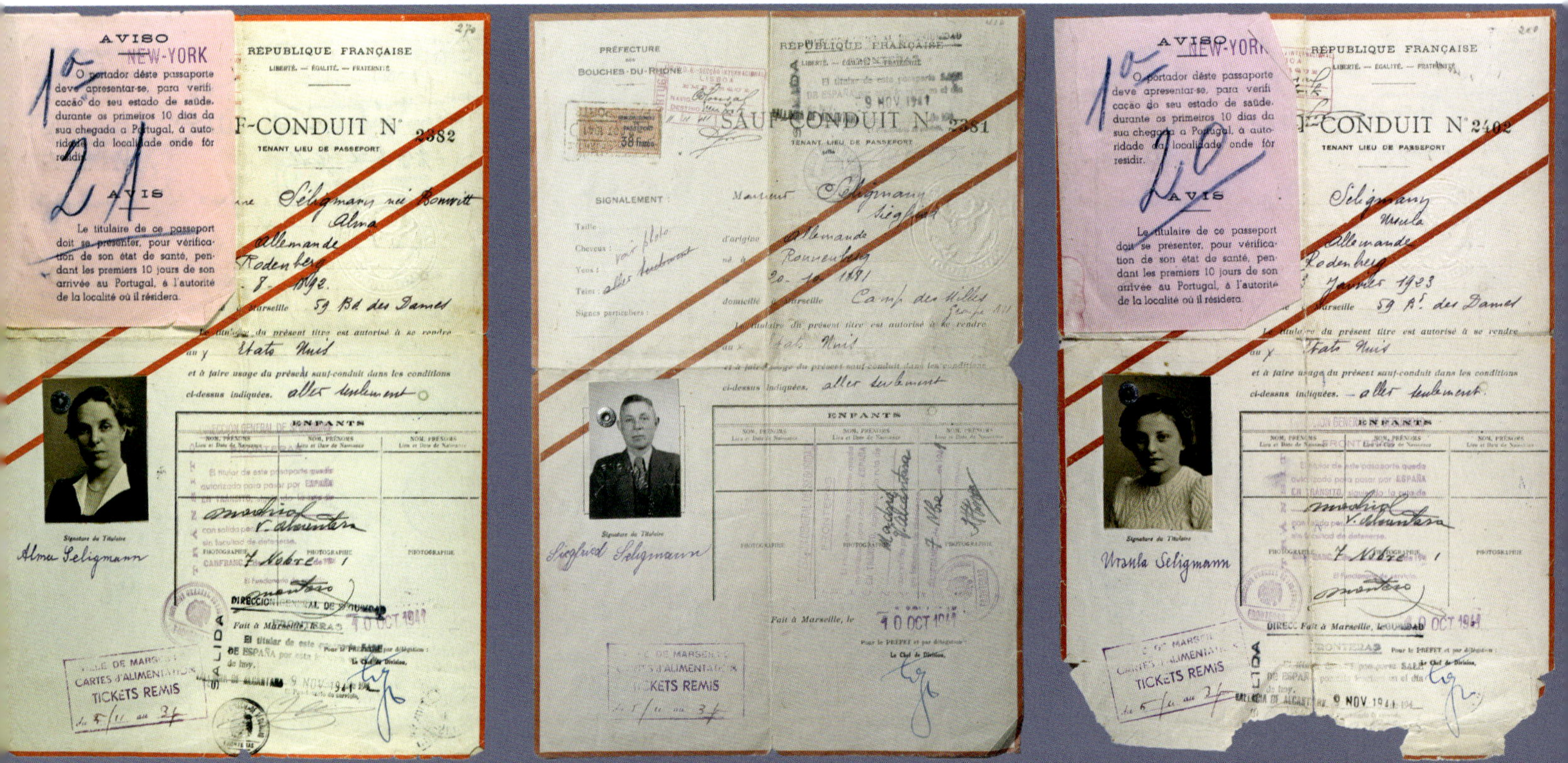


▲ Französische Transitvisen für Alma, Siegfried und Ursula Seligmann.

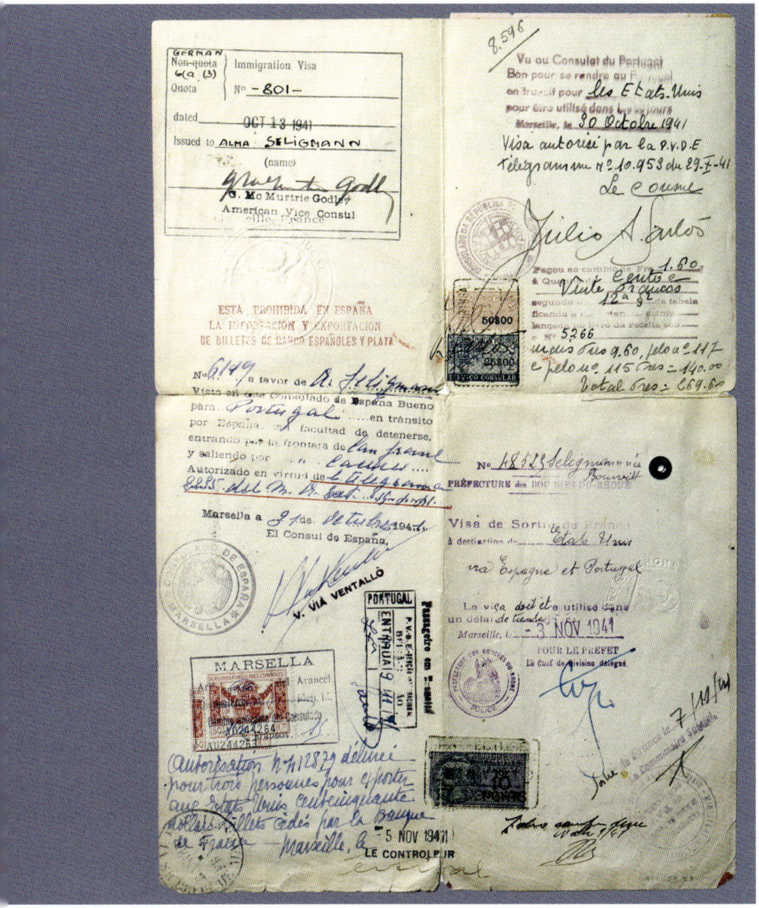
German Non-quota 4(a) (3) Quota
Immigration Visa
No - 801 -
dated OCT 13 1941
Issued to ALMA SELIGMANN
(name)
G. McMurtrie Godley
American Vice Consul
Vu au Consulat du Portugal
Bon pour se rendre au Portugal
en transit pour les Etats-Unis
Marseille, le 30 Octobre 1941
Visa autorisé par la P.V.D.E
Télégramme N° 10.953 du 29-X-41
Le Consul
Julio A. Santos
ESTÁ PROHIBIDA EN ESPAÑA LA IMPORTACIÓN Y EXPORTACIÓN DE BILLETES DE BANCO ESPAÑOLES Y PLATA
No 6149 a favor de A. Seligmann
Visto en este Consulado de España Bueno para Portugal en tránsito por España sin facultad de detenerse, entrando por la frontera de
y saliendo por
Autorizado en virtud de
Marsella a 31 de Octubre 1941
El Consul de España,
V. VIÁ VENTALLÓ
MARSELLA
PORTUGAL
Préfecture des Bouches-du-Rhône
Visa de Sortie de France
à destination de Etats Unis
via Espagne et Portugal
Le visa doit être utilisé dans un délai de
Marseille, le 3 NOV 1941
POUR LE PREFET
Le Chef de Division délégué
Autorisation N° 12879 délivrée pour trois personnes pour emporter aux Etats Unis cinquante dollars billets cédés par la Banque de France – Marseille, le 5 NOV 1941
LE CONTROLEUR

◂ Am 9. November 1941, drei Jahre nach der Reichspogromnacht und zweieinhalb Jahre nach ihrer Flucht aus Ronnenberg, konnten sich Siegfried, Alma und Ursula Seligmann von Marseille über Spanien und Portugal in die USA retten. Hier die Reisedokumente und Visa von Alma Seligmann.

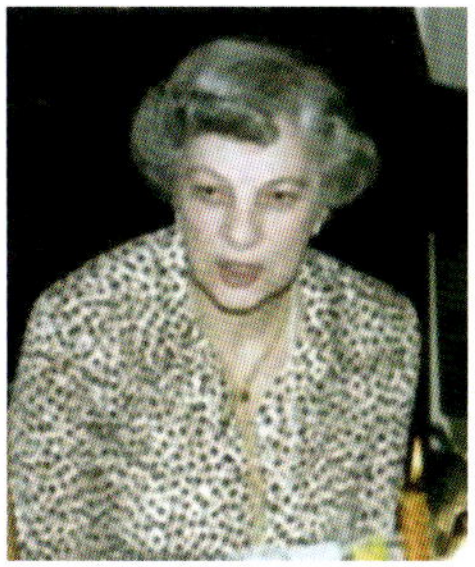

▴ Ursula Löwenstein geb.Seligmann (hier im Jahre 1997 in den USA) hat veranlasst, dass die Erlebnisse ihrer Familie seit der Vertreibung aus Ronnenberg durch Ausweise und Reisepapiere im „US Holocaust Memorial Museum“ in Washington dokumentiert sind.

# Vertriebenenschicksale

Die Überlebenden des Holocaust konnten sich nicht nur über die glückliche Rettung freuen, sondern hatten auch schwere Entbehrungen auf sich zu nehmen. Meistens kamen sie praktisch mittellos in den Aufnahmeländern an und waren somit in den sozialen Abstieg gezwungen.

Iwan Cohen hatte eine schlecht bezahlte Stellung in einer nordamerikanischen Fabrik, die Krawatten und Taschentücher herstellte. Sein Sohn Fritz Cohen: *„Das war eine ziemlich schwere Arbeit, die er gar nicht gewohnt war. Um unseren Lebensunterhalt zu sichern, zogen wir Drei abends wie Hausierer von Haus zu Haus, um Bestecke und ähnliche Dinge zu verkaufen. Aber wir hatten keinen großen Erfolg.“* [6]

Harry Seligmann: *„In New York arbeitete ich von 1941 bis 1946 zuerst in einem Restaurant, wo ich $ 16 in der Woche verdiente. Das war eine ungewohnte Arbeit. Weil ich gezwungen war, mein Geburtsland zu verlassen und meine Existenz aufzugeben, erlitt ich einen Nervenzusammenbruch.“* [7]

6 Hertel, Peter, Juden von Ronneberg, Teil 2, a.a.O., S.72
7 Ebd., S. 87 f. (leicht bearbeitet)

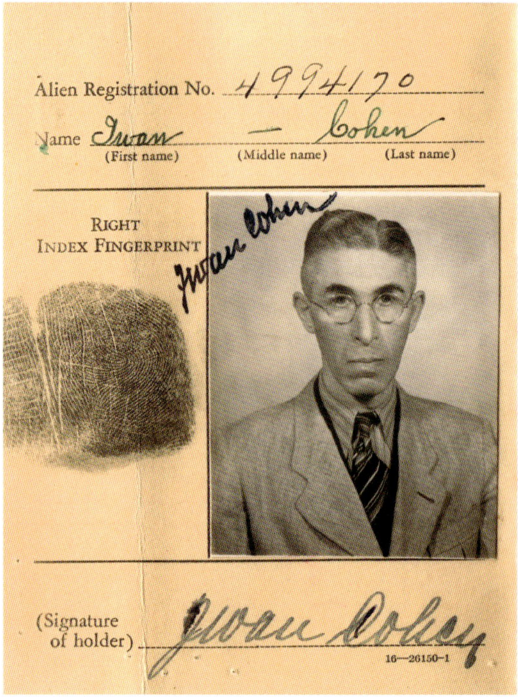
Alien Registration No. 4994170
Name Iwan — Cohen
(First name) (Middle name) (Last name)
Right Index Fingerprint
Iwan Cohen
(Signature of holder) Iwan Cohen
16—26150-1

▲ Ausweis von Iwan Cohen, der mit seiner Familie als Hausierer unterwegs war

▸ Im Juli 1944 konnte Harry Seligmann mit seiner Frau Frieda Seligmann von seiner neuen Heimat New York aus, unterstützt von den Töchtern, einen Wochenend-Ausflug unternehmen.

Heinz Seligmann in Rio de Janeiro: *„18 Jahre musste ich unter dürftigen Verhältnissen schwer arbeiten, bis ich ein bürgerliches Leben für uns sichern konnte. Unter normalen Umständen hätte ich das Unternehmen meines Vaters in Ronnenberg übernommen, das gut, gediegen und eingeführt war."* [8]

Siegmund Seligmann erkrankte schon bald in Rio de Janeiro. Trotzdem versuchte er in einer Wurstfabrik zu arbeiten. Am 1. Juli 1956 kehrte er sehr krank nach Deutschland zurück, und zwar in den Kurort Bad Pyrmont. Bereits 1958 starb er und wurde auf dem Friedhof in Hannover-Bothfeld beigesetzt.

8 Ebd., S. 67 f. (leicht bearbeitet)

◂ Nach 1950 besuchte Heinz Seligmann mit seinem Sohn George (rechts) aus Brasilien seinen Onkel Julius Seligmann und dessen Frau Alice in New York.

◂ Grabstein von Heinz Seligmann für seinen Vater Siegmund Seligmann auf dem Friedhof in Hannover-Bothfeld.

▲ 1959 traf sich Julius Philippsohn mit Ronnenberger Verwandten in München.

Der Arzt Julius Philippsohn, der dem KZ entronnen war und untertauchte, während seine Frau und Sohn in Ronnenberg zurückgeblieben und ihm auf der Flucht nicht gefolgt waren, mochte nach seinen grausigen Erfahrungen nicht mehr nach Deutschland zurückkehren. Mit der österreichischen Hertha Böhrer und deren Tochter, Lisette, traf er im September 1946 in Wien ein. Auf seinen ehemaligen Besitz in Ronnenberg hatte er keinen Zugriff. Durch das Internationale Rote Kreuz erhielt er einige ärztliche Instrumente, so dass er sich in Wien eine neue berufliche Existenz aufbauen konnte.

Betr.: Siegfried Seligman, 6701 - 14th Street, N.W., Washington 12, D.C./USA

Sehr geehrter Herr Hagemann,

wir kommen heute zurück auf Ihr Schreiben vom 9.4.1963, dessen Eingang wir dankend bestätigen, und wären für Mitteilung verbunden, ob Ihnen hinsichtlich der Wohnung des Herrn Siegfried Seligmann etwas über den Entziehungsvorgang bekannt ist. Nach den hiesigen Erfahrungen haben Polizisten in Belgien, die auch während der Besatzungszeit im Dienst waren, häufig Kenntnis von den Vorgängen.

Wir wären für eine kurze Stellungnahme verbunden.

Mit vorzüglicher Hochachtung
Dr. Rose-Teblée, Bachmann
Rechtsanwälte
durch:
Rechtsanwalt

-/L

Siegmund und Henriette, Franz und Erna, Siegfried und Alma, Harry und Frieda Seligmann wurden weitgehend von ihren ebenfalls geflüchteten Kindern versorgt. Wegen seines Alters konnte Franz Seligmann in Montevideo keinen Betrieb mehr aufbauen.

◂ 1954 ließen Siegfried und Alma in Brüssel vergebens nach ihrer Wohnungseinrichtung suchen. Sie hatten sie nach der Verhaftung Siegfried Seligmanns zurücklassen müssen

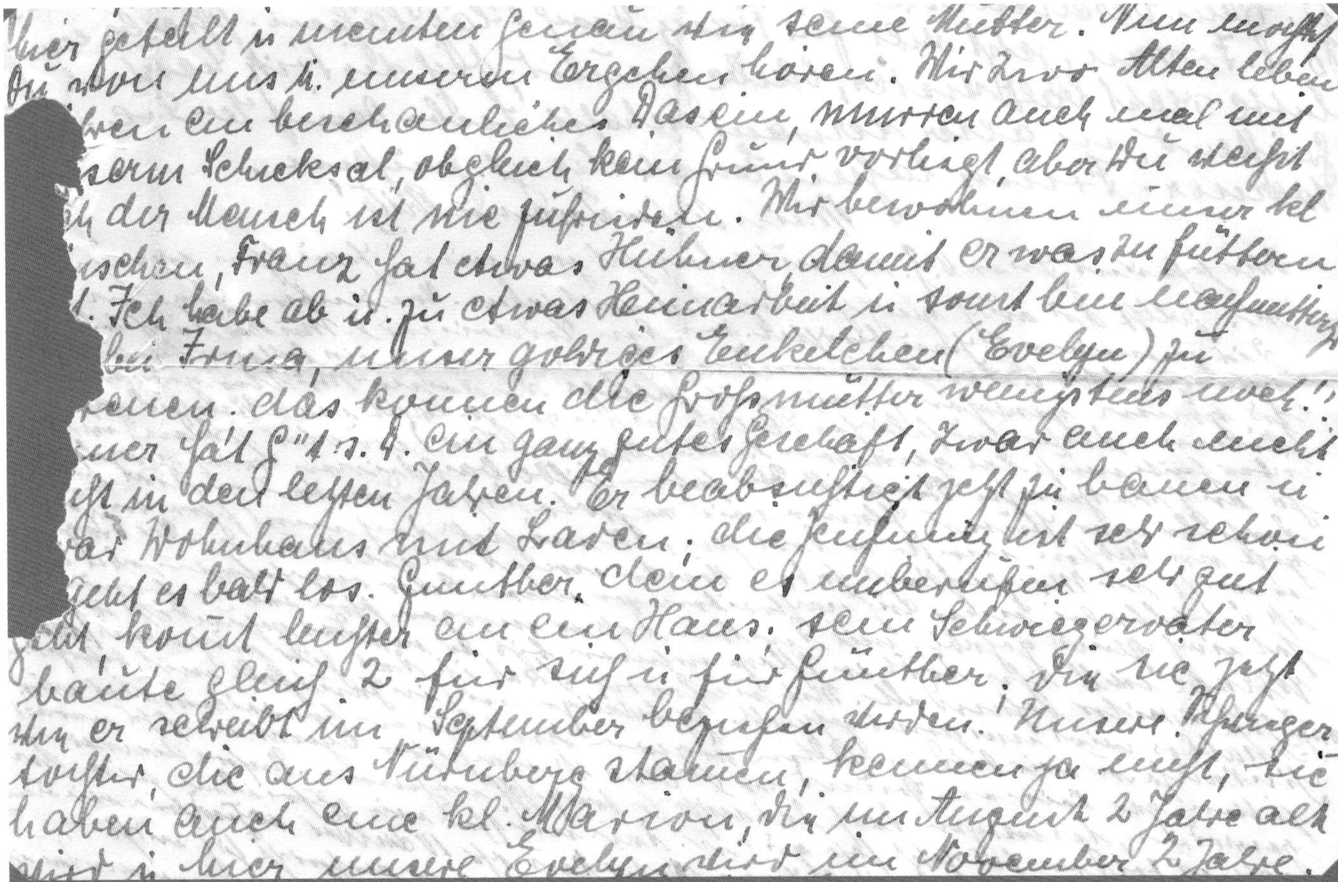
…ier gefällt u. meinten genau wie seine Mutter. Nun möchtest
Du von uns u. unserem Ergehen hören. Wir zwei Alten leben
…ben ein beschauliches Dasein, murren auch mal mit
…serm Schicksal, obgleich kein Grund vorliegt, aber Du weißt
…h der Mensch ist nie zufrieden. Wir bewohnen einen kl.
…schen, Franz hat etwas Hühner, damit er was zu füttern
…. Ich habe ab u. zu etwas Heimarbeit u. sonst bin beschäftigt
bei Erna, meinen goldiges Enkelchen (Evelyn) zu
…ören. das können die Großmütter wenigstens noch.
…ner hat G"t s. D. ein ganz gutes Geschäft, zwar auch nicht
…st in den letzten Jahren. Er beabsichtigt jetzt zu bauen u.
…ar Wohnhaus und Laden. die Zeichnung ist sehr schön
geht es bald los. Günther, dem es unberufen sehr gut
geht, kommt [illegible] in ein Haus. sein Schwiegervater
baute gleich 2 für sich u. für Günther, die sie jetzt
wie er schreibt im September beziehen werden. Unsere Schwieger-
tochter, die aus Nürnberg stammen, kennen ja nicht, sie
haben auch eine kl. Marion, die im August 2 Jahre alt
wird u. hier unsere Evelyn wird im November 2 Jahre.

▲ Briefausschnitt von Erna und Franz Seligmann an Fritz Cohen ca. 1945.

# Todeswege

# Max und Rosa Seligmann

▲ Max Seligmann

Max Seligmann, der im Gegensatz zu seinem Vetter Siegfried Seligmann, im Internierungslager Gurs bleiben musste, hatte über das Rote Kreuz brieflich Verbindung zu seinem Bruder Harry Seligmann in den USA. Im Frühjahr 1942 teilte er ihm mit, das amerikanische Konsulat in Marseille habe ihm für den 10. Dezember 1941 ein Visum zugesagt. Da das Versprechen nicht erfüllt wurde, schrieb Hildegard Sklar, eine der beiden Töchter Harry Seligmanns, an das Weiße Haus und bat, die Angelegenheit zu beschleunigen. Vergebens. Anfang August 1942 teilte Max Seligmann seinem Bruder mit, er werde am 12. August nach Drancy verlegt.[1] Beiden war, wie der Weltöffentlichkeit, unbekannt, dass Drancy ein Durchgang in die Vernichtungslager war. Seit 1941 wurden in erster Linie internierte deutsche, aber auch belgische und französische Juden nach Drancy transportiert.

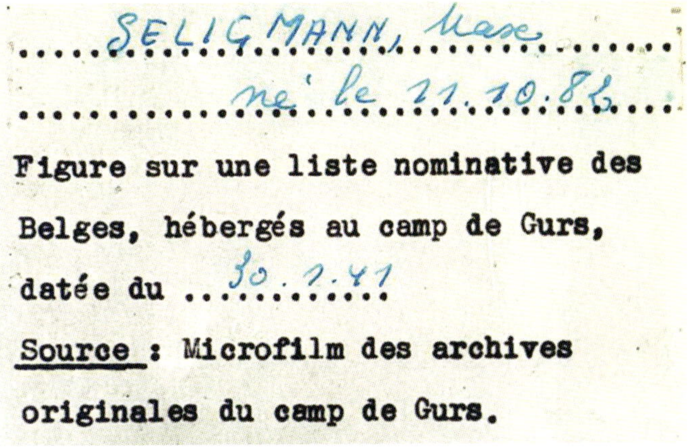

........SELIGMANN, Max..........

........né le 11.10.86....

Figure sur une liste nominative des Belges, hébergés au camp de Gurs, datée du ..30.1.41

Source : Microfilm des archives originales du camp de Gurs.

▲ Nachweis, dass sich Max Seligmann in Gurs befand.

◂ Durchgangslager Drancy im August 1941

1 NLA Hannover Nds. 110 W Acc. 14/19,Nr.101096.

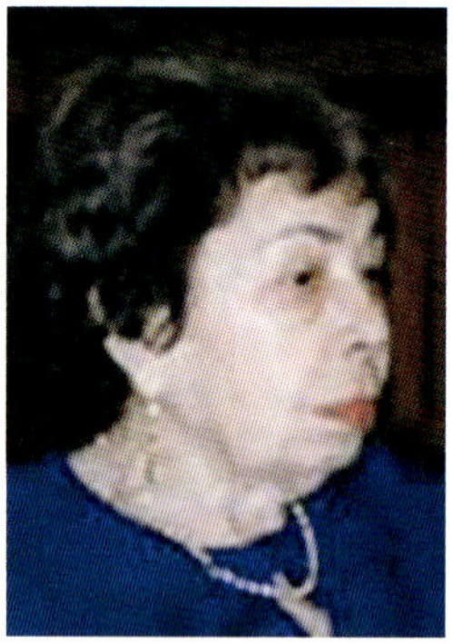

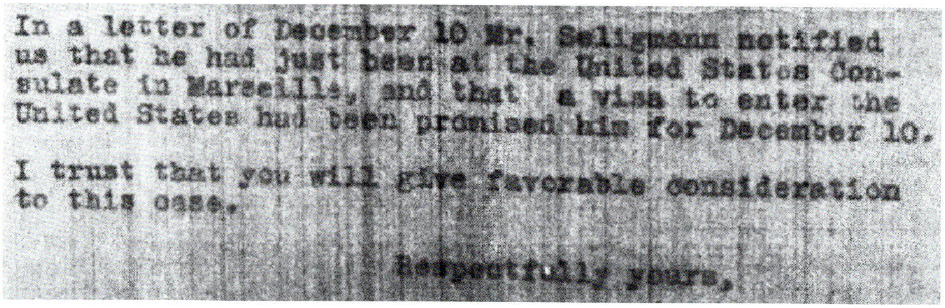

In a letter of December 10 Mr. Seligmann notified us that he had just been at the United States Consulate in Marseille, and that a visa to enter the United States had been promised him for December 10.

I trust that you will give favorable consideration to this case.

Respectfully yours,

▲ Ausschnitt aus der Briefkopie Hildegard Sklars

▲ Hildegard Sklar geb. Seligmann, eine der beiden Töchter Harry Seligmanns, schrieb vergebens an das Weiße Haus in Washington. Ihr Bild wurde 1998 bei ihrem Besuch in Ronnenberg aufgenommen.

NAUMANN Erika Modell 5

▲ Bild der Schreibmaschine aus der Modellbeschreibung

Heinrich W. Wantke

Inhaber: FERDINAND PHILIPP

Neuzeitlicher Papier-, Drucksachen- u. Bürobedarf

Geschäftsbücher / Büromöbel / Büromaschinen

Schreibmaschinen

Fernsprecher: 2 39 28

Postscheck: Hannover 5941

HANNOVER-M.,

Herrenstraße 6

den 22. Dezember 1937

Nº 10557

5

Rechnung für Firma Frau Seligmann Ronnenberg

| Stückzahl | Ich sandte Ihnen durch Boten | Einzelpreis | RM | Rpf |
|---|---|---|---|---|
| 1 | „Erika" Schreibmaschine Modell 5, Pica-Schrift | | 234 | – |
| | in Zahlung gegeben: | | | |
| 1 | „Orga-Privat" Schreibmaschine | | 40 | – |
| | | RM | 194 | – |

◀ Rechnung von 1937

might find them interesting to read.

Also, I enclosed a copy of a letter written by aunt Hilde on her mother's (née Friede Neuhaus) typewriter from Germany (one of the few items they were allowed to take) which we still have. She was trying to secure entry to the US for Max Seligmann. He and his sister Rosie were on the ill fated S.S. St Louis. Feel free to use this material as you see appropriate.

Sincerely, Claude Seligman

◂ ▴ Die Schreibmaschine, auf der Hildegard Sklar ihren Brief an das Weiße Haus schrieb, hatte zu dem geringen Besitz gehört, den die Familie aus Ronnenberg in die USA mitnehmen durfte. Wie Claude Seligman (New York) im Jahre 2014 dem Autor mitteilte handelte es sich um ein Modell „Erika", das Erna Seligmann, Hildegards Mutter, 1937 in Hannover gekauft hatte. Die Schreibmaschine wird von der Familie heute noch wie eine Reliquie aufbewahrt.

▲ Rosa Seligmann

Rosa Seligmann, die Schwester von Max Seligmann, lebte bis Mitte 1941 in dem Brüsseler Haus, in dem auch der Bruder und die Familie Siegfried Seligmann gewohnt hatten. Dann bezog sie ein Zimmer in der Rue Général Eenens, Nr. 55 und schließlich in der Rue Metsys Nr. 35. Offenbar hatte sie weiterhin Kontakt zu ihrer Cousine Hedwig Vanderborght in Brüssel. Sie erhielt öffentliche Hilfe. Die letzte Bescheinigung stammt vom 20. Januar 1944. Eine Woche später war sie in das SS-Sammellager „Kazerne Dossin“ in Mecheln eingesperrt. Dort legte sie u.a. einen Suchantrag des US-amerikanischen Roten Kreuzes und die Bescheinigung vor, dass sie auf der US-Liste für ein Visum stehe.[2] Mecheln war ein Durchgangslager nach Auschwitz.

2 Memoriaal, Museum en Documentatiecentrum over Holocaust en Mensenrechten,

▲ Brüsseler Straße „Général Eenens, Nr. 55“: Rosa Seligmann wohnte in dem Eckhaus.

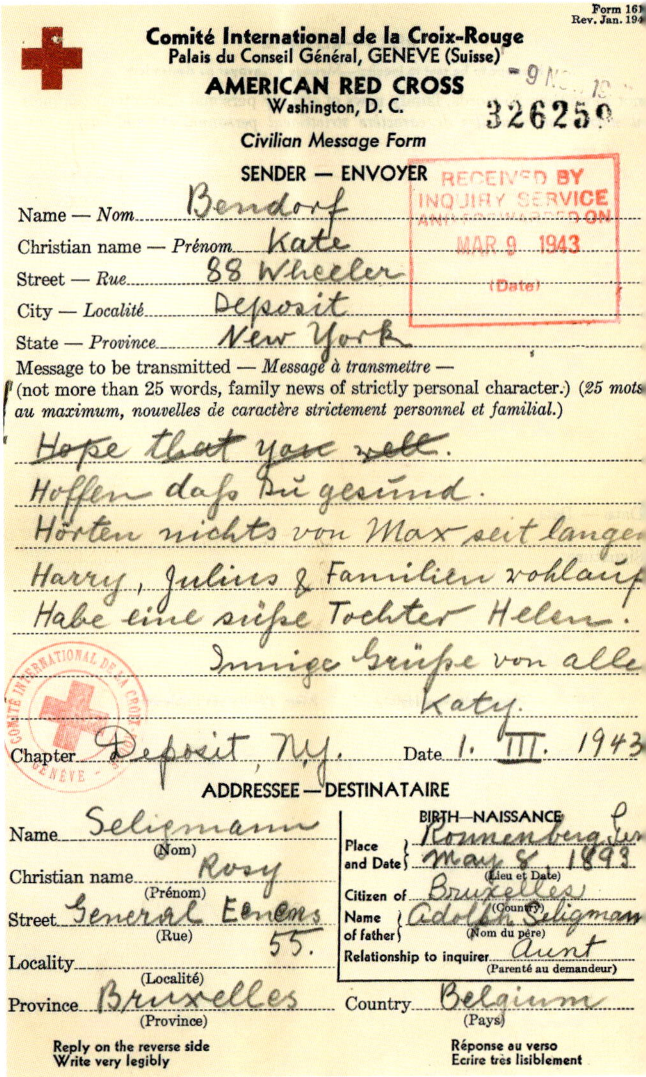

Form 161
Rev. Jan. 194

**Comité International de la Croix-Rouge**
Palais du Conseil Général, GENEVE (Suisse)

**AMERICAN RED CROSS**
Washington, D. C.

-9 N... 19..

326259

*Civilian Message Form*

SENDER — ENVOYER

RECEIVED BY INQUIRY SERVICE ... MAR 9 1943 (Date)

Name — *Nom* Bendorf
Christian name — *Prénom* Kate
Street — *Rue* 88 Wheeler
City — *Localité* Deposit
State — *Province* New York

Message to be transmitted — *Message à transmettre* — (not more than 25 words, family news of strictly personal character.) (*25 mots au maximum, nouvelles de caractère strictement personnel et familial.*)

~~Hope that you well.~~
Hoffen daß Du gesund.
Hörten nichts von Max seit langem
Harry, Julius & Familien wohlauf
Habe eine süße Tochter Helen.
Innige Grüße von alle
Katy.

Comité International de la Croix-Rouge Genève

Chapter Deposit, N.Y. Date 1. III. 1943

ADDRESSEE — DESTINATAIRE

Name Seligmann (Nom)
Christian name Rosy (Prénom)
Street General Eenens 55. (Rue)
Locality (Localité)
Province Bruxelles (Province)

BIRTH — NAISSANCE
Place and Date Rommenberg ... May 8. 1893 (Lieu et Date)
Citizen of Bruxelles (Country)
Name of father Adolph Seligman (Nom du père)
Relationship to inquirer Aunt (Parenté au demandeur)

Country Belgium (Pays)

Reply on the reverse side
Write very legibly

Réponse au verso
Ecrire très lisiblement

▲ 1943 wurde Rosa Seligmann über das Internationale Rote Kreuz von ihrer Nichte Kate Bendorf (geb. Seligmann) aus den USA angeschrieben.

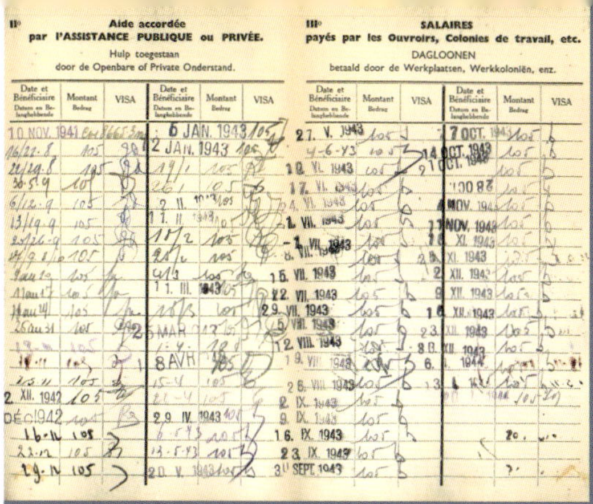

II° Aide accordée par l'ASSISTANCE PUBLIQUE ou PRIVÉE.
Hulp toegestaan door de Openbare of Private Onderstand.

III° SALAIRES payés par les Ouvroirs, Colonies de travail, etc.
DAGLOONEN betaald door de Werkplaatsen, Werkkoloniën, enz.

| Date et Bénéficiaire / Datum en Belanghebbende | Montant / Bedrag | VISA | Date et Bénéficiaire / Datum en Belanghebbende | Montant / Bedrag | VISA | Date et Bénéficiaire / Datum en Belanghebbende | Montant / Bedrag | VISA | Date et Bénéficiaire / Datum en Belanghebbende | Montant / Bedrag | VISA |
|---|---|---|---|---|---|---|---|---|---|---|---|
| 10 NOV. 1941 | | | 6 JAN. 1943 | 105 | | 27. V. 1943 | 105 | | 7 OCT. 1943 | 105 | |
| | 105 | | 2 JAN. 1943 | 105 | | 4-6-43 | 105 | | 14 OCT. 1943 | 105 | |
| | 105 | | | 105 | | 18. VI. 1943 | 105 | | | 105 | |
| 2. XII. 1942 | 105 | | 2.9. IV. 1943 | 105 | | 16. IX. 1943 | 105 | | | | |
| DÉC 1942 | 105 | | | 105 | | 23. IX. 1943 | 105 | | | | |
| | 105 | | 20. V. 1943 | 105 | | 30 SEPT 1943 | 105 | | | | |

▲ Vom 20.Januar 1944 stammt der letzte Stempel, der bescheinigt, dass Rosa Seligmann in Brüssel öffentliche Hilfe erhielt.

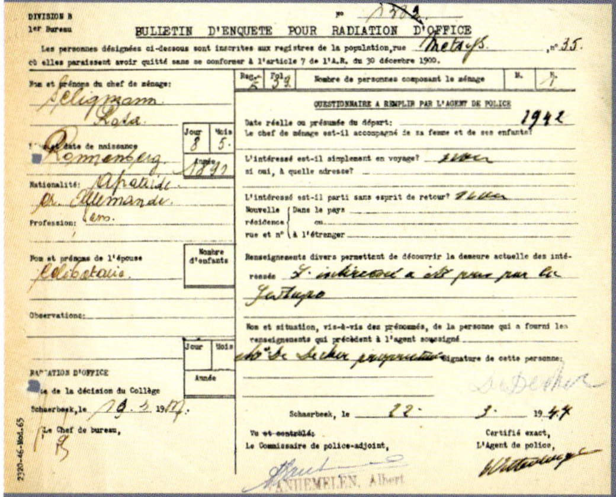

DIVISION B
1er Bureau

N° 1332

BULLETIN D'ENQUETE POUR RADIATION D'OFFICE

Les personnes désignées ci-dessous sont inscrites aux registres de la population, rue Metsys, n° 35, où elles paraissent avoir quitté sans se conformer à l'article 7 de l'A.R. du 30 décembre 1900.

Nom et prénoms du chef de ménage: Seligmann Rosa

Reg. 5 Fol. 39 Nombre de personnes composant le ménage

Lieu et date de naissance: Ronnenberg — Jour 8, Mois 5, Année 1891

Nationalité: Apatride ex. Allemande

Profession: sans

Nom et prénoms de l'épouse: célibataire — Nombre d'enfants

Observations:

RADIATION D'OFFICE
Date de la décision du Collège
Schaerbeek, le 19. 5. 1947.
Le Chef de bureau,

QUESTIONNAIRE A REMPLIR PAR L'AGENT DE POLICE

Date réelle ou présumée du départ: 1942
Le chef de ménage est-il accompagné de sa femme et de ses enfants?
L'intéressé est-il simplement en voyage? non
si oui, à quelle adresse?
L'intéressé est-il parti sans esprit de retour? [illegible]
Nouvelle résidence rue et n° — Dans le pays ou à l'étranger
Renseignements divers permettant de découvrir la demeure actuelle des intéressés: L'intéressé a été pris par la Gestapo
Nom et situation, vis-à-vis des prénommés, de la personne qui a fourni les renseignements qui précèdent à l'agent soussigné: Mme De Decker propriétaire
Signature de cette personne: De Decker

Schaerbeek, le 22. 1. 1947

Vu et contrôlé: Le Commissaire de police-adjoint, VANHEMELEN, Albert

Certifié exact, L'Agent de police,

2320-46-Mod. 65

▲ Meldezettel der Brüsseler Behörden, aus dem hervorgeht, dass Rosa Seligmann von der Gestapo gesucht und verhaftet wurde.

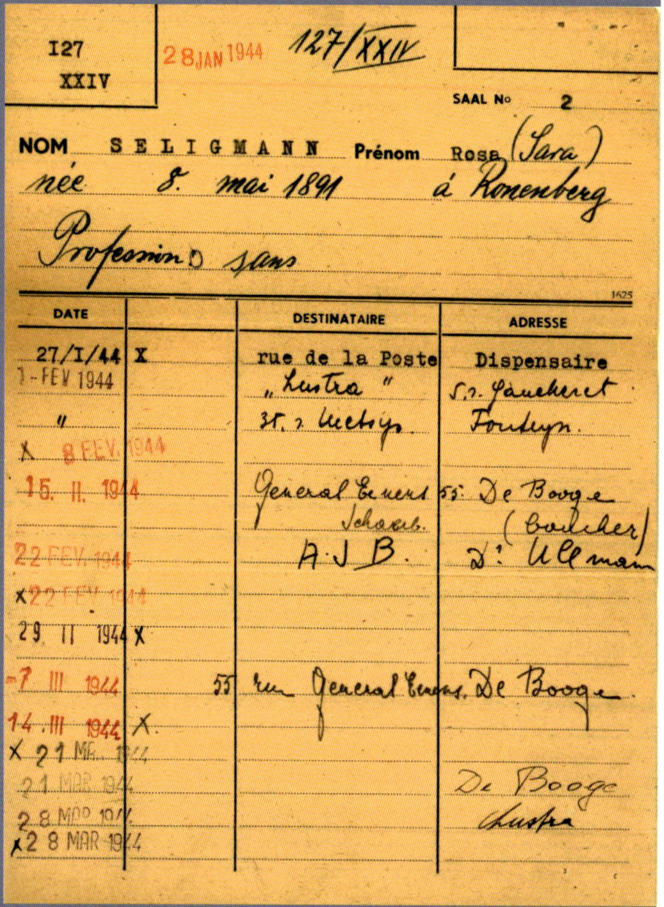

127
XXIV

28 JAN 1944 127/XXIV

SAAL No 2

NOM SELIGMANN Prénom Rosa (Sara)
née 8. mai 1891 à Ronenberg
Profession sans

| DATE | | DESTINATAIRE | ADRESSE |
|---|---|---|---|
| 27/I/44 | X | rue de la Poste „Lustra" 35. r. Metsys | Dispensaire 5. r. Fauchenet Fontaine |
| 7 FEV 1944 | | | |
| X 8 FEV 1944 | | | |
| 15. II. 1944 | | General Everts Schaerb. | 55. De Booge (Boucher) |
| 22 FEV 1944 | | A. J. B. | Dr. Ullman |
| X 22 FEV 1944 | | | |
| 29 II 1944 | X | | |
| 7 III 1944 | | 55 rue General Everts | De Booge |
| 14. III 1944 | X | | |
| X 21 MAR 1944 | | | |
| 21 MAR 1944 | | | De Booge Lustra |
| 28 MAR 1944 | | | |
| X 28 MAR 1944 | | | |

▲ Am 27.Januar 1944 erhielt Rosa Seligmann, die an Tuberkolose litt, im SS-Sammellager Mecheln noch Medikamente einer Brüsseler Apotheke. Die bei ihrer Einlieferung angelegte Karteikarte listet auf, wann und von wem sie dort Pakete bekam.

◀ Im Innenhof des SS-Sammellagers „Kazerne Dossin“

# Lina Cohen und Bertha Abrahamsohn

Die beiden Schwestern lebten seit Herbst 1939 im jüdischen Wohnheim der Minna-James-Heinemann-Stiftung in Hannover. Als es im September 1941 in ein „Judenhaus“ umgewandelt wurde, waren sie mit anderen Menschen zusammengepfercht, mussten hungern und bei Kälte frieren – vom Leben der Stadt weitgehend abgeschnitten. Von dort mussten sie in Baracken am Tiergarten ziehen, dann in die Ohestraße 8 und von da in das „Judenhaus“, das in der ehemaligen „Israelitischen Gartenbauschule Ahlem“ errichtet worden war.

Der Briefkontakt der beiden Schwestern mit ihren Familien in Brüssel und Genua dauerte von 1940 bis 1942. Die Korrespondenz mit der Familie Iwan, Alice und Fritz Cohen endete, nachdem Hitler im Dezember 1941 den USA den Krieg erklärt hatte. Die mehr als 40 Briefe und Karten aus Hannover nach Belgien, Italien und in die USA sind insgesamt ein einzigartiges Zeugnis aus der Zeit des Naziterrors.

▲ Wohnheim der jüdischen Minna-James-Heinemann-Stiftung

▲ Lina Cohen (l.) und Bertha Abrahamsohn am 14. Juli 1941 in Hannover, vermutlich vor dem Haus der Minna-James-Heinemann-Stiftung.

▲ Israelitische Gartenbauschule Ahlem: Im Hintergrund das spätere „Judenhaus".

- In der Korrespondenz zeigt sich die Geschichte von zwei alten Menschen, die kein Aufnahmeland gefunden haben.
- Doch in Willensstärke stemmen sie sich dem Unheil entgegen, weil sie auf ein Wiedersehen mit ihren Kindern hoffen.
- Verwandte aus Ronnenberg und Hannover werden deportiert; ruhelos und traurig fragen die Frauen nach ihnen, ohne von den Deportationen zu wissen.
- Obwohl unter dem Terror ihr Durchhaltevermögen schwindet, hoffen sie weiter auf Familienzusammenführung.
- Erst zum Schluss wird ihnen klar, dass ihre Sehnsucht unerfüllt bleibt: 1942 werden sie in das „Ghetto Theresienstadt" deportiert.

In diesem „Ghetto", das in Wirklichkeit ein KZ war, befand sich auch Adele Seligmann, die Zwillingsschwester von Siegmund Seligmann. Sie entkam 1945 dem Terror und schrieb ihrer Cousine Hete Vanderborght in Brüssel, der Tochter von Bertha Abrahamsohn, dass die beiden Frauen in Theresienstadt gestorben seien. Hete Vanderborght hat die Informationen im Herbst 1945 brieflich an Iwan Cohen, den Sohn von Lina Cohen und Vater von Fritz Cohen, weitergegeben.

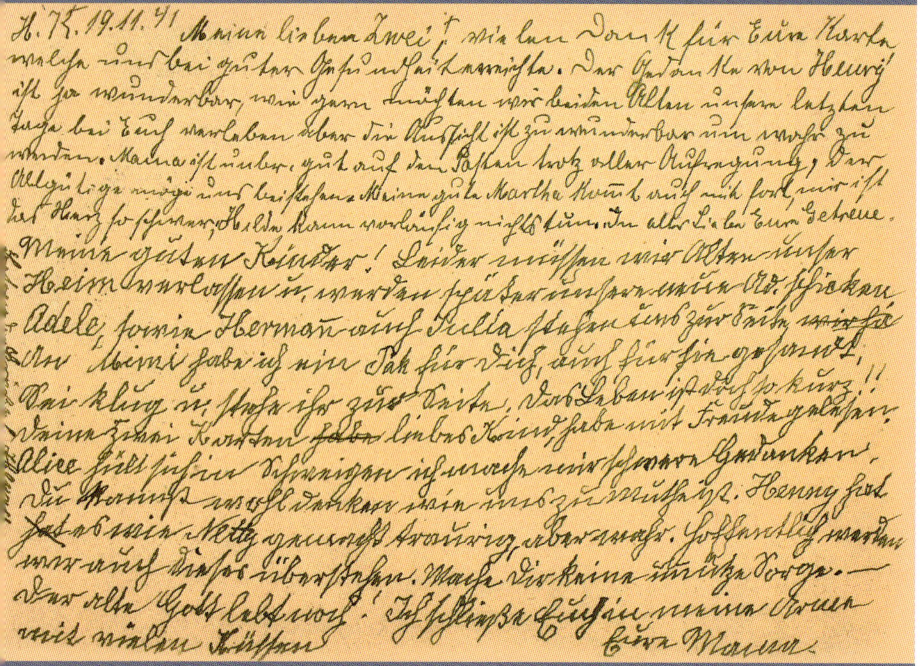

Bertha Abrahamsohn am 19.11.1940 an Hete und Henry Vanderborght in Brüssel: *„Der Gedanke von Henry ist ja wunderbar, wie gern möchten wir beiden Alten unsere letzten Tage bei Euch verleben, aber die Aussicht ist zu wunderbar, um wahr zu werden.“*

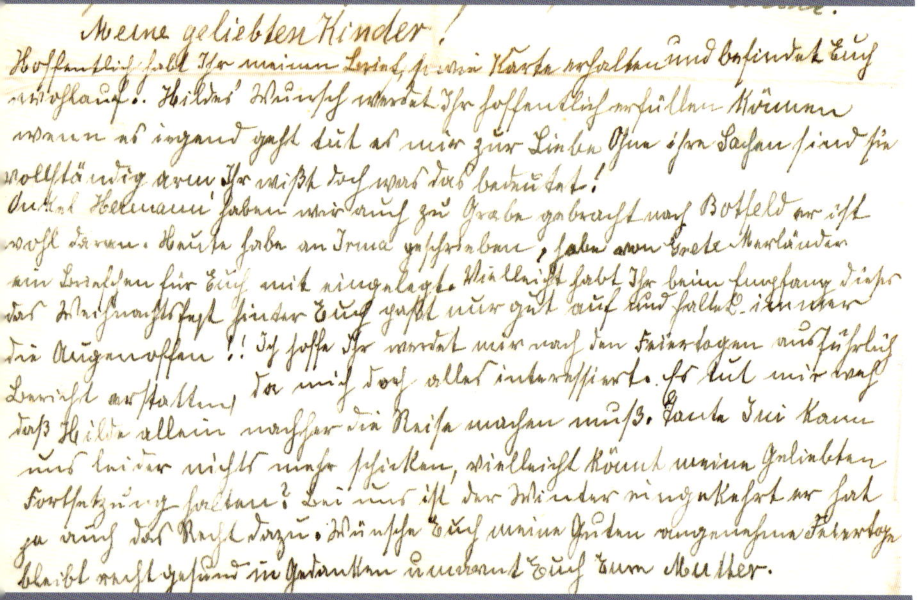

Ende 1940 schickte Lina Cohen einen Luftpostbrief an Iwan Cohen in die USA – in der Hoffnung, bald nachkommen zu können.

▸ Bevor Lina Cohen mit ihrer Schwester im Sommer 1942 nach Theresienstadt deportiert wurde, schrieb sie – auch für Bertha Abrahamsohn – zwei fast gleichlautende Postkarten an ihre Nichten Hete Vanderborght in Belgien und Alice Gramegna in Italien.

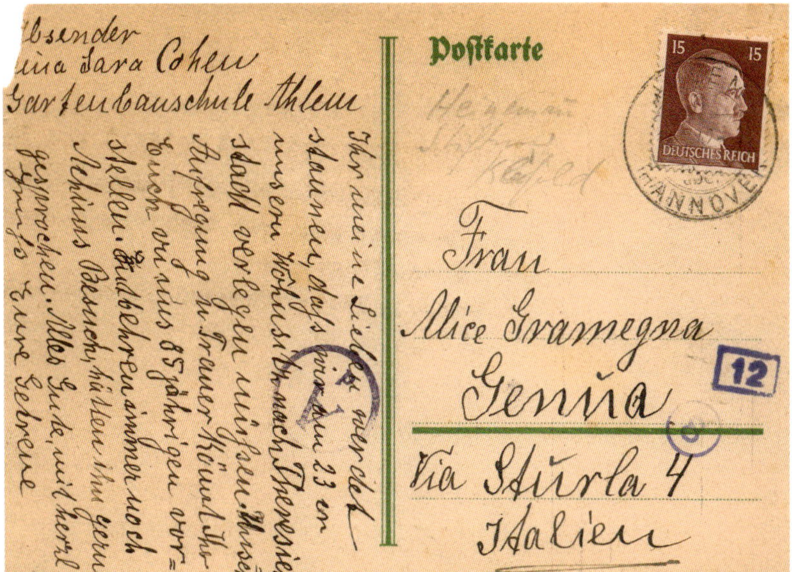

# Die Toten

# Deportiert, ermordet …

13 der Jüdinnen und Juden, die in Ronnenberg gelebt haben, sind im Holocaust umgekommen. Ihre Namen sind in einer Gedenkstätte der Stadt Ronnenberg aufgezeichnet. Dort erinnert die Stadt an die Ronnenberger Todesopfer und die Vertriebenen.

# Auschwitz

In Auschwitz (Oświęcim) errichteten die Nationalsozialisten ihr größtes Konzentrations- und Vernichtungslager. In den Gaskammern, durch Giftinjektionen und Erschießungen sowie schwerste Arbeit, Krankheit und Verhungern wurden mehr Menschen als in jedem anderen Vernichtungslager ermordet. Die Zahl der Todesopfer betrug insgesamt zwischen 1,1 und 1,5 Millionen Menschen. Ab Sommer 1942 wurde Auschwitz zum zentralen Deportationsziel nahezu aller europäischen Juden im deutschen Herrschaftsbereich.

▲ Max Seligmann

## Max Seligmann

Der unverheiratete Schlachter und Viehhändler Max Seligmann (geb. 10.11.1882 in Ronnenberg) wurde aus dem Durchgangslager Drancy bei Paris am 19.8.1942 in das Vernichtungslager Auschwitz deportiert. Wie das „Museum und Dokumentationszentrum" im belgischen Mecheln[1] vermutet, sei es angesichts seines Alters kaum denkbar, dass er im KZ Auschwitz gearbeitet habe: *„Obwohl wir keine Beweise haben, ist es sehr wahrscheinlich, daß Max direkt nach seiner Ankunft in die Gaskammer geschickt wurde."* Vor seinem Haus hat die Stadt Ronnenberg einen Stolperstein verlegt.

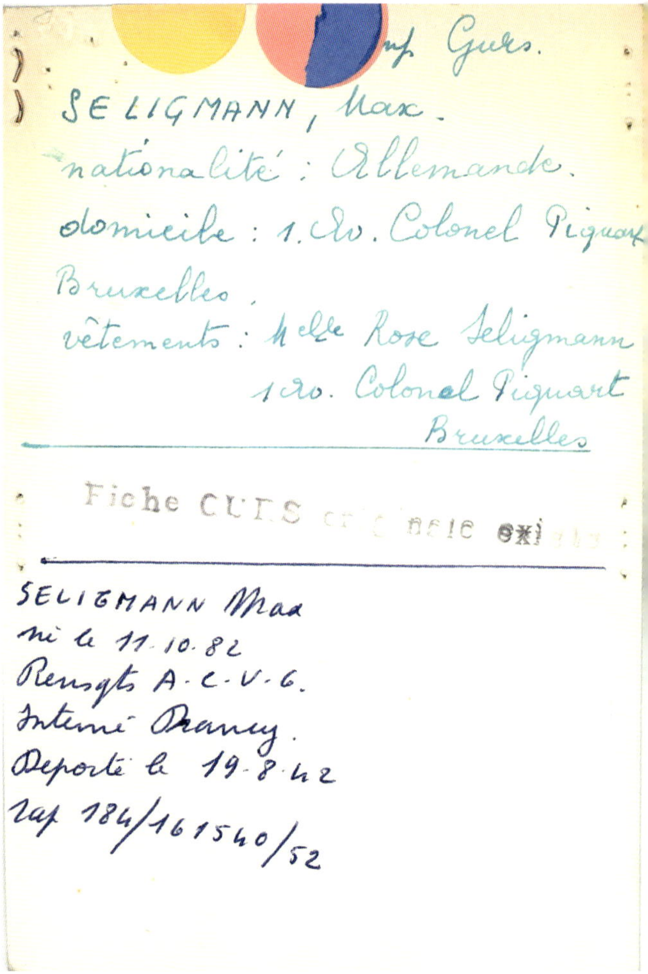

Gurs.
SELIGMANN, Max.
nationalité: Allemande.
domicile: 1. Av. Colonel Piquart
Bruxelles.
vêtements: Melle Rose Seligmann
1 Av. Colonel Piquart
Bruxelles

Fiche

SELIGMANN Max
né le 11.10.82
Rensgts A.C.V.G.
Interné Drancy.
Déporté le 19.8.42
Rap 184/161540/52

▲ Nachweis, dass Max Seligmann von Drancy nach Auschwitz deportiert worden ist

1 Memoriaal, Museum en Documentatiecentrum, a.a.O.

Rosa Seligmann

## Rosa Seligmann

Die unverheiratete Hauswirtschafterin Rosa Seligmann (geb. 8. Mai 1891 in Ronnenberg ) lebte wie ihr Bruder, Max Seligmann, nach ihrer misslungenen Flucht in Brüssel. Vermutlich zwischen dem 20. und 27. Januar 1944 wurde sie dort von der deutschen Gestapo verhaftet und ins SS-Sammellager Mecheln gebracht. Das „Museum und Dokumentationszentrum" in Mecheln[2] teilte mit: *„Rosa ist an einem unbekannten Datum verhaftet worden und in der Kazerne Dossin als Gefangene 127 dem Transport XXIV zugeordnet worden. Der Zug hat Mecheln am 4. April 1944 verlassen und kam drei Tage später – 7. April 1944 – in Auschwitz-Birkenau an. Wir wissen nicht, was mit Rosa Seligmann nach ihrer Ankunft im Lager passierte, da wir keine Sterbeurkunde oder ein Dokument mit ihrer Tätowierungszahl gefunden haben. Wir können nur bestätigen, dass sie nach ihrer Deportation verstorben ist."* Vor ihrem Haus hat die Stadt Ronnenberg einen Stolperstein verlegt.

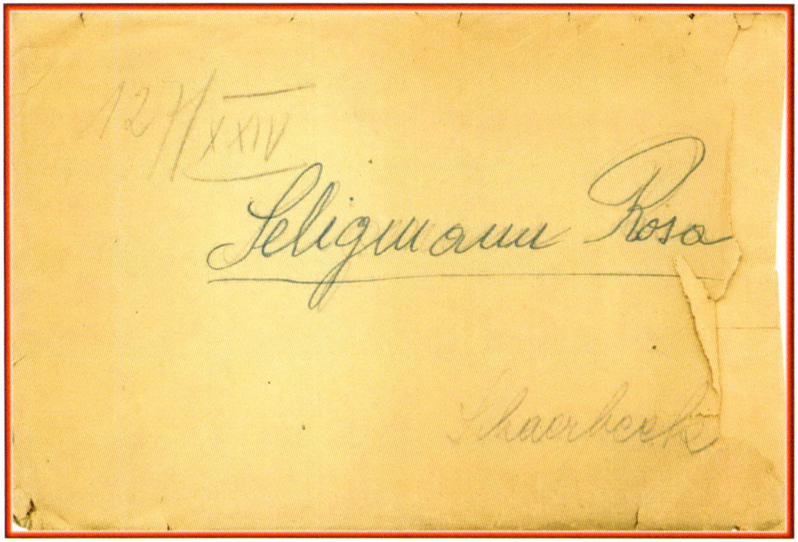


Bei der Ankunft im SS-Sammellager Kazerne Dossin hatte Rosa Seligmann im Januar 1944 eine Mappe mit Dokumenten bei sich, die sie in dort abgeben musste.

Ausschnitt aus der Transportliste des SS-Sammellagers in Mecheln (oben, redaktionell markiert) vom 4.April 1944.

---

2 E.bd.

# Litzmannstadt

Das „Ghetto Litzmannstadt" in der polnischen Stadt Lodz, die nach dem General und NSDAP-Mitglied Karl Litzmann umbenannt wurde, ist am 8. Februar 1940 von den deutschen Nationalsozialisten errichtet worden. Die Juden der Stadt mussten dorthin umziehen. Am 30. April 1940 wurde das Ghetto endgültig von der Außenwelt abgesperrt. Mehr und mehr diente es der Deportation europäischer Juden als Zwischenstation in die Vernichtungslager.

## Hermann Seligmann

Der Kaufmann Hermann Seligmann (geb. 19.10.1879 in Ronnenberg) verließ 1905 seinen Heimatort. In Duisburg errichtete er mit seiner Frau, Else Strauß aus Aschaffenburg, ein Herrenbekleidungsgeschäft, das in der Reichspogromnacht zerstört wurde, so dass sie ihre Existenzgrundlage verloren. Im Juni 1939 begaben sie sich nach Köln. Doch wegen ihrer hohen Quotennummer gelang ihnen die Emigration in die USA nicht. Am 30.10.1941 wurden sie in das Getto Litzmannstadt „umgesiedelt", wie es im NS-Jargon hieß. Dort starb Hermann Seligmann am 12.6.1942[3]. Seine Frau wurde in das Vernichtungslager Kulmhof deportiert, wo sie im September 1942 ermordet wurde. In Köln wurden Stolpersteine für das Ehepaar verlegt.

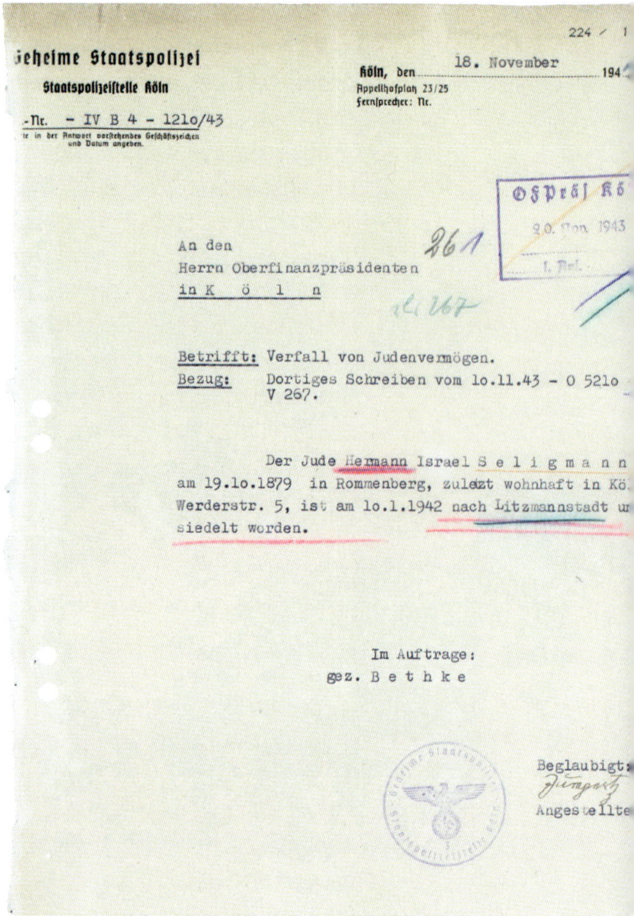

224 / 1

Geheime Staatspolizei
Staatspolizeistelle Köln

Köln, den 18. November 194
Appellhofplatz 23/25
Fernsprecher: Nr.

-Nr. - IV B 4 - 121o/43
in der Antwort vorstehendes Geschäftszeichen und Datum angeben.

OFPräs Kö
20. Nov. 1943

261

An den
Herrn Oberfinanzpräsidenten
in K ö l n

Betrifft: Verfall von Judenvermögen.
Bezug: Dortiges Schreiben vom 1o.11.43 - O 521o V 267.

Der Jude Hermann Israel S e l i g m a n n am 19.1o.1879 in Rommenberg, zuletzt wohnhaft in Kö Werderstr. 5, ist am 1o.1.1942 nach Litzmannstadt u siedelt worden.

Im Auftrage:
gez. B e t h k e

Beglaubigt:
Angestellte

▲ Hermann Seligmann hatte von seinem Bruder Siegmund Seligmann, seit dieser von Ronnenberg nach Brasilien emigriert war, dessen Militärrente erhalten. Nachdem er in das „Ghetto Litzmannstadt" deportiert worden war, wurde die Rente gestrichen.

3 Stadt Köln, NS-Dokumentationszentrum, Information vom 20.3.2012.

# Riga

Nachdem die deutsche Wehrmacht die lettische Hauptstadt besetzt hatte, wurden Juden aus Deutschland nach Riga und in seine Umgebung deportiert, im Dezember 1941 auch aus Hannover und Bielefeld/Münster. Fast alle kamen aufgrund der unmenschlichen Bedingungen auf dem Transport oder wegen der qualvollen Lebens- und Arbeitsumstände ums Leben oder wurden von den Nationalsozialisten in Massenerschießungen ermordet.

## Carl Meier Seligmann

Der Schlachter Carl Meier Seligmann (geb. 7.2.1871 in Empelde, aufgewachsen in Ronnenberg) heiratete 1897 die Sattlerstochter Alwine Levy. In deren Heimatort Barsinghausen baute sich die Familie eine gut gehende Schlachterei auf. 1933 starb Alwine Levy. Carl Seligmann heiratete 1934 zum zweitenmal, und zwar Fanny Nussbaum aus Hannover. Seit dem Boykott-Tag am 1. April 1933 verlor die Familie nach und nach ihre Existenzgrundlage in Barsinghausen. Carl und Fanny Seligmann zogen 1939 zu Verwandten in Hannover, die ebenfalls Familienwurzeln in Ronnenberg hatten. Die beabsichtigte Auswanderung gelang ihnen nicht. 1941 wurden sie in das Massenquartier im ehemaligen Altenheim der Minna-James-Stiftung in Hannover und schließlich in die ehemalige Israelitische Gartenbauschule Ahlem gebracht, die zur Sammelstelle für Juden umfunktioniert worden war. Am 15.12.1941 wurden sie von Hannover ins „Ghetto Riga" deportiert. Dort kamen sie vermutlich ums Leben. In Barsinghausen sind für sie Stolpersteine verlegt worden. [4]

▲ Carl Seligmann (1.v.r.) mit seiner Familie aus Barsinghausen, Ronnenberg und Hannover

4 Informationen vor allem von Eckard Steigerwald, Stadt Barsinghausen.

▲ Martha Liepmann um 1900 in Ronnenberg

## Martha Liepmann

Martha (Margarete) Cohen (geb. 17. Mai 1885 in Ronnenberg) heiratete 1908 den Textilkaufmann Alex Liepmann und zog mit ihm in dessen Heimatort Bücken/ Kreis Hoya. Seit 1935 wurde die Familie in Bücken durch Psychoterror so unter Druck gesetzt, dass sie sich kaum auf die Straße wagte. Im September 1937 wurde sie aus Bücken vertrieben, ihr Geschäft wurde „arisiert“, der Besitz musste zum Teil verschleudert werden. Die Familie flüchtete nach Hannover, wo Alex Liepmann 1938 starb. Martha Liepmann kümmerte sich intensiv um ihre Mutter Lina Cohen und deren Schwester Bertha Abrahamsohn in Hannover. 1941 wurde sie in das Massenquartier Scholvinstr. 12 einquartiert und am 15. Dezember 1941 in das „Ghetto Riga“ deportiert. Dort wurde sie vermutlich 1942 ermordet. Vor dem Haus in Hannover, in dem sie nach ihrer Vertreibung aus Bücken wohnen musste, ist für Martha Liepmann ein Stolperstein verlegt worden.

◄ Letztes bekanntes sichtbares Lebenszeichen Martha (Margerete) Liepmanns am 27.August 1941: Ein Gruß an ihre Cousine Hete (Hedwig) Vanderborght in Brüssel.

## Thekla Wallach

Thekla Seligmann (geb. 10. Oktober 1883 in Ronnenberg) heiratete 1913 in Ronnenberg den Kaufmann Sally Wallach aus Baumbach (Kreis Rotenburg/Fulda), der in Bielefeld einen Manufakturwarenhandel betrieb. Dort wohnte die Familie, deren Tochter Clara Ruth in Ronnenberg geboren worden war, seit 1914. Sally Wallach gründete einen Handel für Kleiderstoffe, den er aber aufgeben musste: er hatte zwangsweise in einer Holzfabrik zu arbeiten. Während die Tochter den Nazis in die USA entkommen konnte, wurden die Eltern mit dem ersten Transport ostwestfälischer Juden nach Riga deportiert. Dort wurden sie 1942 vermutlich ermordet.[5]

▲ Bahnhof Bielefeld: Jüdinnen und Juden werden nach Riga deportiert.

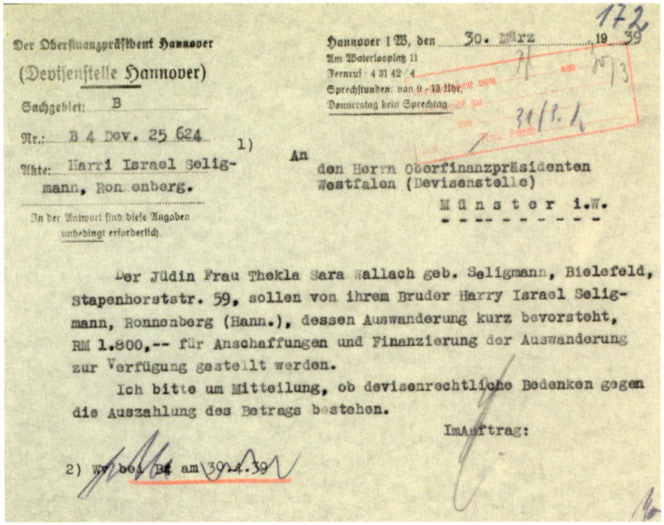

172

Der Oberfinanzpräsident Hannover
(Devisenstelle Hannover)
Sachgebiet: B
Nr.: B 4 Dev. 25 624
Akte: Harri Israel Seligmann, Ronnenberg.
In der Antwort sind diese Angaben unbedingt erforderlich.

Hannover 1 W, den 30. März 1939
Am Waterlooplatz 11
Fernruf: 4 31 42/4
Sprechstunden: von 9–13 Uhr,
Donnerstag kein Sprechtag

1) An
den Herrn Oberfinanzpräsidenten
Westfalen (Devisenstelle)
Münster i.W.

Der Jüdin Frau Thekla Sara Wallach geb. Seligmann, Bielefeld, Stapenhorststr. 59, sollen von ihrem Bruder Harry Israel Seligmann, Ronnenberg (Hann.), dessen Auswanderung kurz bevorsteht, RM 1.800,-- für Anschaffungen und Finanzierung der Auswanderung zur Verfügung gestellt werden.

Ich bitte um Mitteilung, ob devisenrechtliche Bedenken gegen die Auszahlung des Betrags bestehen.

Im Auftrag:

2) Wv. bei B4 am 30.4.39

▲ Auch Thekla Wallach hatte sich um die Auswanderung bemüht, wozu sie von ihrem Bruder Harry Seligmann in Ronnenberg finanziell unterstützt wurde.

5 Stadt Bielefeld, Standesamt, Az 422 13-01-11-493, Mitteilung vom 20.9.2011.

# Theresienstadt

Die ehemalige Festung Theresienstadt (Terezín) war ab November 1941 ein KZ-ähnliches Lager für insgesamt 140 000 Juden, vor allem ältere Menschen. In überfüllten Massenunterkünften herrschten Unterernährung sowie unzumutbare hygienische Zustände. Kälte, Mangel an Nahrungsmitteln und Enge waren unerträglich. Medikamente gegen grassierende Krankheiten fehlten, mehr als 30 000 Menschen starben. Das „Ghetto Theresienstadt", wie es gennant wurde, war außerdem ein Durchgangslager in die Vernichtungslager. Gleichzeitig diente es den Nationalsozialisten als "Vorzeigeghetto": Komponisten, Musiker und Schriftsteller gaben Konzerte, Lesungen und Theateraufführungen, die der Weltöffentlichkeit ein schönes Leben im „Alten-Ghetto" vorgaukeln sollten.

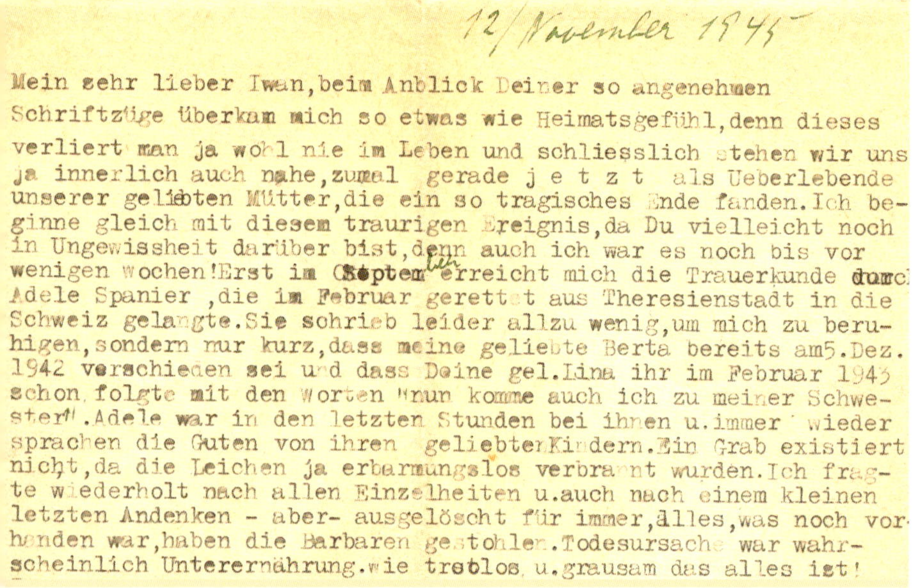

12/ November 1945

Mein sehr lieber Iwan, beim Anblick Deiner so angenehmen Schriftzüge überkam mich so etwas wie Heimatsgefühl, denn dieses verliert man ja wohl nie im Leben und schliesslich stehen wir uns ja innerlich auch nahe, zumal gerade j e t z t als Ueberlebende unserer geliebten Mütter, die ein so tragisches Ende fanden. Ich beginne gleich mit diesem traurigen Ereignis, da Du vielleicht noch in Ungewissheit darüber bist, denn auch ich war es noch bis vor wenigen Wochen! Erst im Septemben erreicht mich die Trauerkunde durch Adele Spanier, die im Februar gerettet aus Theresienstadt in die Schweiz gelangte. Sie schrieb leider allzu wenig, um mich zu beruhigen, sondern nur kurz, dass meine geliebte Berta bereits am 5. Dez. 1942 verschieden sei und dass Deine gel. Lina ihr im Februar 1943 schon folgte mit den Worten "nun komme auch ich zu meiner Schwester". Adele war in den letzten Stunden bei ihnen u. immer wieder sprachen die Guten von ihren geliebten Kindern. Ein Grab existiert nicht, da die Leichen ja erbarmungslos verbrannt wurden. Ich fragte wiederholt nach allen Einzelheiten u. auch nach einem kleinen letzten Andenken - aber- ausgelöscht für immer, alles, was noch vorhanden war, haben die Barbaren gestohlen. Todesursache war wahrscheinlich Unterernährung. wie trostlos u. grausam das alles ist!

### Bertha Abrahamsohn

▲ Bertha Abrahamsohn mit ihrer Tochter Hedwig, der späteren Hete Vanderborght, im Jahre 1931 in Hannover.

Bertha Abrahamsohn (geb. 1. August 1857) heiratete 1879 in Ronnenberg den Prokuristen Moritz Abrahamsohn aus Erichshagen bei Nienburg/Weser. Spätestens 1900 lebten die Eltern mit den drei Kindern in Hannover, Martin-Luther-Straße. Seit 1939 musste Bertha Abrahamsohn mit ihrer Schwester, Lina Cohen, die 1938 zu ihr gezogen war, im jüdischen Altersheim der Minna-James-Heinemann-Stiftung wohnen; denn die Gestapo-Leitung, deren Zentrale sich in der Nähe ihres Wohnhauses befand, wollte sich in den Besitz der feudalen Wohnung setzen. Anfang September 1941 wurde das Altersheim in eines der Massenquartiere umfunktioniert. Die Geschwister kamen schließlich in die ehemalige Israelitische Gartenbauschule in Ahlem. Am 23. Juli 1942 wurden sie nach Theresienstadt „umgesiedelt". Dort starb Bertha Abrahamsohn am 5. Dezember.

◂ Ausschnitt aus einem Brief, den Hete Vanderborght am 12. November 1945 aus Brüssel an Iwan Cohen, den in die USA emigrierten Sohn Lina Cohens, schrieb. Die erwähnte Adele Spanier war die aus Ronnenberg stammende Zwillingsschwester von Siegmund Seligmann.

## Arondine Lina Cohen

Lina Cohen (geb. 1. Oktober 1859), die in Ronnenberg lebte, zog nach der Emigration ihrer Familie zu Bertha Abrahamsohn nach Hannover; denn die 78jährige erhielt kein Visum für die USA, weil sie einige Zeit, bevor die Familie ausreiste, einen Schenkelbruch erlitten hatte und für die US-Behörden als „nicht arbeitsfähig“ galt. Mit ihrer Schwester musste sie sich 1941 auf denselben Todesweg begeben. Als Todesdatum wird der 20. Februar 1943 angegeben. Vor ihrem Haus hat die Stadt Ronnenberg einen Stolperstein verlegt.

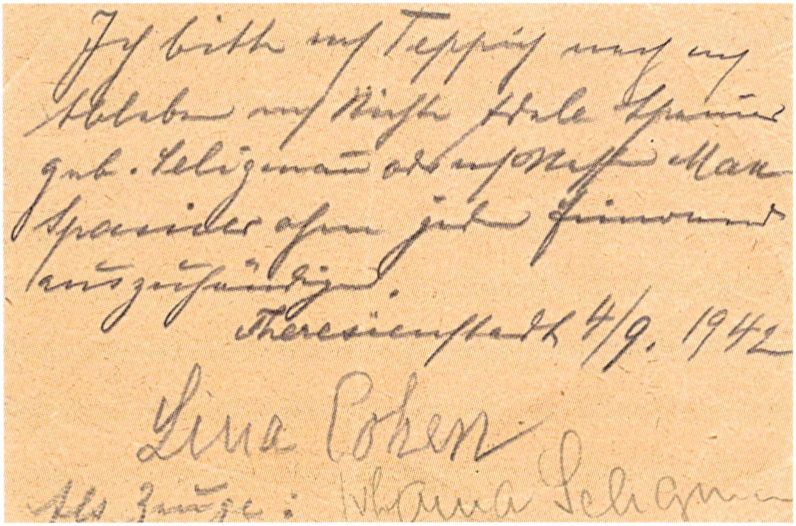

Theresienstadt 4/9. 1942

Lina Cohen

▲ Lina Cohens letztes Lebenszeichen ist eine schriftliche Verfügung: Im „Ghetto Theresienstadt“ sollte ihre Nichte Adele Spanier offenbar neben weiteren Gegenständen nach Lina Cohens Tod auch ihren Teppich erhalten.

▸ Sterbeurkunde von Lina Cohen, die Adele Spanier im Original bei ihrer Rettung aus Theresienstadt ebenfalls mitbrachte.

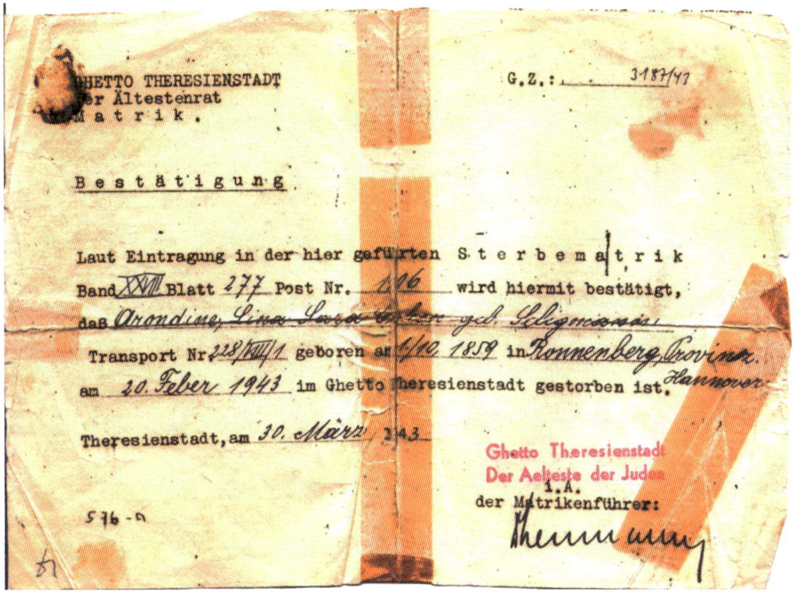

GHETTO THERESIENSTADT
Der Ältestenrat
Matrik.

G.Z.: 3187/43

Bestätigung.

Laut Eintragung in der hier geführten Sterbematrik
Band XVIII Blatt 277 Post Nr. 106 wird hiermit bestätigt,
daß Arondine Lina Sara Cohen geb. Seligmann
Transport Nr. 228/XIII/1 geboren am 1/10 1859 in Ronnenberg Provinz Hannover
am 20. Feber 1943 im Ghetto Theresienstadt gestorben ist.

Theresienstadt, am 30. März 1943

Ghetto Theresienstadt
Der Aelteste der Juden
i.A.
der Matrikenführer:

576-n

## Minna Deichmann

Minna Kahn (geb. 2. Mai 1870 in Eschwege) heiratete 1895 den Ronnenberger Viehhändler Julius Deichmann. Dessen Vater, Aron Deichmann, war 1860 mit seiner Familie von Leveste nach Ronnenberg gezogen. Das Ehepaar lebte 32 Jahre lang in Ronnenberg und kehrte 1927 nach Eschwege in das Elternhaus der Frau zurück. Julius Deichmann starb dort 1938. Seine Witwe wurde am 6. September 1942 in Sonderwagen der Reichsbahn mit weiteren Juden nach Kassel verfrachtet. Von dort wurde sie in das „Ghetto Theresienstadt" deportiert, wo sie sie am 8. März 1943 ums Leben kam.[6] In Eschwege wurde die Witwe zum 6.9.1942 als „unbekannt verzogen" gemeldet. 1946 wurde ihr Haus treuhänderisch verwaltet. Noch die Adressbücher von 1949 und 1955 nennen sie als Eigentümerin.[7] Vor ihrem Haus liegt seit kurzem ein Stolperstein.

▲ Alter Steinweg 20a in Eschwege: Links das Elternhaus von Minna Deichmann geb.Kahn.

6 Kárný, Miroslav, Theresienstädter Gedenkbuch, Prag 2000, S.693.
7 Stadt Eschwege, Stadtarchiv, Mitteilung vom 21.9.2011.

### Rudolf Rothenberg

Der Kaufmann Rudolf Rothenberg (geb. 24. Juli 1863 in Ronnenberg), Sohn von Rosette Kahlberg – der Witwe Aron Seligmanns – und des Händlers Abraham Rothenberg, verließ Ronnenberg im Alter von 36 Jahren. Im September 1941 wurde er mit seiner Frau aus der Wohnung in Hannover vertrieben und in das Massenquartier Josephstraße 22 eingewiesen. Ende 1941 wurden sie in das „Judenhaus Knochenhauerstraße" gebracht. Von dort wurden sie am 23.Juli 1942 nach Theresienstadt deportiert. Barbara Rothenberg kam einen Monat später, Rudolf Rothenberg am 11.Dezember 1942 ums Leben.

### Robert Seligmann

Der Schlachter Robert Seligmann (geb. 30. Januar 1873 in Ronnenberg), Mitbegründer der Freiwilligen Feuerwehr Ronnenberg, verließ 1902 seinen Heimatort, um sich in Heldenbergen (heute: Nidderau), unweit Friedberg/Hessen, niederzulassen. Dort heiratete er und war Mitinhaber einer Metzgerei. Nach dem Tod seiner Frau und der Vertreibung aus Heldenbergen lebte er in einem jüdischen Altersheim in Mainz. Von dort wurde er am 27. September 1942 nach Theresienstadt verschleppt, wo er am 27. Januar 1943 starb.[8] Vor seinem Haus in Heldenbergen wurde ein Stolperstein für ihn verlegt.

8 Landeshauptstadt Mainz, Stadtarchiv, Az. 471210 Tgb.Nr. 1764/11.

◂ Knochenhauerstraße 61: das „Judenhaus" in der Altstadt Hannovers, in das Rudolf und Barbara Rothenberger einquartiert worden waren, bevor sie nach Theresienstadt deportiert wurden.

# Treblinka

Das Vernichtungslager Treblinka wurde im Sommer 1942 an der Bahnstrecke Warschau-Bialystok von der SS errichtet. Die Massentötungen begannen am 23. Juli 1942 an Juden aus dem Warschauer Getto. Binnen eines Jahres wurden mehr als 900.000 Menschen, vor allem polnische, aber auch fast 30 000 nicht-polnische Juden sowie Tausende "Zigeuner", ermordet. Etwa 70 Menschen haben aufgrund eines Häftlingsaufstandes überlebt.

### Albert Seligmann

Der Schlachter Albert Seligmann, am 9. Mai 1869 in Ronnenberg geboren, wuchs drei Jahre lang in Empelde, dann in Ronnenberg, auf. Am 12. 9.1894 heiratete er Jenny Alexander und verließ seinen Heimatort. In Achim hatte das Ehepaar ein Fleischergeschäft. Nachdem die Macht auf die Nazis übertragen war, litt die Familie unter dem Boykott ihres Geschäftes. Auch Vieh wurde nicht mehr zugeteilt. 1937 wurde die Metzgerei polizeilich geschlossen. Albert und Jenny Seligmann wurden zwangsweise in ein sog. "Judenhaus" in Bremen einquartiert. Am 23.Juli 1942 wurden sie nach Theresienstadt deportiert und von dort in das Vernichtungslager Treblinka, wo sie am 29. September 1942 ermordet wurden.[9] Vor ihrem Haus in Achim wurden Stolpersteine für sie verlegt

9 StAB 4,54-E10159 (Staatsarchiv Bremen).

# Freitod in KleinFreden

### Henriette Goldschmidt

▲ Henriette Seligmann um 1900 in Ronnenberg

Henny Seligmann (geb. 18. März 1880 in Ronnenberg) heiratete 1906 in Ronnenberg den Schlachter Albert Goldschmidt aus Kleinfreden bei Alfeld und zog in dessen Heimatort. Das Ehepaar errichtete ein großes Wohn- und Geschäftshaus. Albert Goldschmidt starb 1935, so dass Henny Goldschmidt weitgehend auf sich allein gestellt war. In der Reichspogromnacht wurde ihr Geschäft verwüstet. Fast alle Verwandten verließen Kleinfreden, die Geschwister in der Umgebung – Siegfried und Franz Seligmann in Ronnenberg und Paula Frank in Pattensen – wanderten aus. Ihr dagegen war eine Ausreise wegen des Rheumas, an dem sie litt, praktisch versperrt. 1940 musste sie ihr Haus verlassen. Als im November 1941 die Deportation drohte, entschloss sie sich, ihr zu entgehen, indem sie ihr Leben beendete. Am 10. November legte sich die 61jährige die weiße Todeskleidung an, wie sie der jüdischen Tradition entspricht, schnitt sich die Pulsadern auf und erhängte sich. An der Beerdigung haben angeblich nur drei Nichtjuden teilgenommen. Als sich der Leichenwagen in Bewegung setzte, habe ein NSDAP-Mitglied zu den drei Christen gesagt: *„Es wird endlich Zeit, daß mit diesem Firlefanz aufgehört wird."*[10] 2010 wurde für Henny Goldschmidt ein Stolperstein in Freden (Kleinfreden) verlegt. Darauf steht leider der Nazi-Schmähname „Henny-Sara", den sie entsprechend der Verordnung vom 17. August 1938 zwangsweise führen musste (vgl. S. 84). Im Geburtsregister des Ronnenberger Standesamtes wurde indes 1947 eigens vermerkt, dass „die Führung des zusätzlichen Vornamens 'Sara' " für Henny Goldschmidt gemäß eines Erlasses für die Britische Zone[11] wieder gelöscht worden ist.

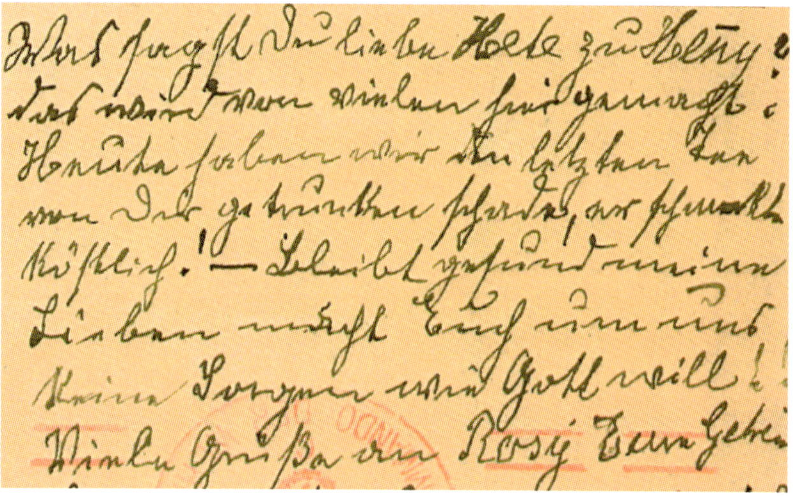

▲ Am 17. November 1941 schrieb Lina Cohen, die in Hannover vom Freitod ihrer Nichte Henny Goldschmidt erfahren hatte, an ihre Nichte Hete Vanderborght in Brüssel: *„Was sagst du, liebe Hete, zu Henny? Das wird von vielen hier gemacht…macht Euch um uns keine Sorgen wie Gott will!"*

---

10 Tietz, Christine und Arnim Schrenke, Das Leben jüdischer Menschen in Freden (Leine) – Ein Stück örtlicher Zeitgeschichte, Manuskript (Schularbeit) ohne Datum (vermutlich 1988), S.30.

11 Standesamt Ronnenberg, Nr.21, 25.3.1880, Einträge von 1938 und 1947.

# Tür in den Tag

# Neue Wege

Um 1980 hatten die christlichen Kirchen eine Gedenktafel am ehemaligen Gebetssaal der „Synagogengemeinde Ronnenberg“ empfohlen. Aber es gab auch Widerstand: in Ronnenberg sei es anders als im Calenberger Land gewesen, hieß es. Zwar habe es ein paar Nazis gegeben. Doch wörtlich: *„Ronnenberg war seinerzeit über seine Grenzen hinaus für seine Toleranz bekannt.“* [1]

Das Haus, in dem sich der Betsaal befunden hatte, ist 1938 von seinem jüdischen Besitzer zu einem Spottpreis an die Gemeinde Ronnenberg verkauft worden. Heute beherbergt es das Standesamt der Stadt Ronnenberg. Es dauerte fast zwei Jahrzehnte, bis die Stadt die Gedenktafel im Jahre 1998 anbrachte. Auf Einladung des Stadtdirektors Bernhard Lippold kamen deshalb 19 Jüdinnen und Juden – überlebende Ronnenberger sowie Kinder und Enkelkinder – aus den USA und Südamerika in ihre ehemalige Heimat.
Den städtischen Impuls von 1998 nahm 2001 der Überlebende Fritz Cohen aus den USA auf. Mit der Stadt Ronnenberg und dem Landesverband der Jüdischen Gemeinden in Niedersachsen setzte er auf dem jüdischen Friedhof für seine Großmutter symbolisch eine Urne bei – mit „Erde aus dem Ghetto Theresienstadt“, wo die Großmutter umgekommen ist. Lina Cohen sei ihr Leben lang eine Ronnenbergerin gewesen, erläuterte Cohen. Deshalb sei auch auf dem jüdischen Friedhof ihrer zu gedenken. So wurde die Stadt von heute mit ihrer ehemaligen jüdischen Gemeinschaft sichtbar verknüpft. Ähnlich war es vier Jahre später: Auf Veranlassung von Bürgermeister Walther hin verlegte Ronnenberg als erste Stadt in der Region Hannover so genannte „Stolpersteine“.

Einige Bürgerinnen und Bürger boten der Stadt spontan ihre Mitarbeit in der Erinnerungsarbeit an. Ein gemeinsames Ziel wurde es, der Bevölkerung auch die jüdische Welt in Kultur und Religion, Wissenschaft und Musik zu vermitteln. Weil es den jüdischen Nachbarn und den Kontakt zu seiner Lebenswelt heute nicht mehr gibt, sollte der jüdische Alltag, wie er bis 1933 bestanden hatte, durch Informationsveranstaltungen und Begleitmaterial bewusst gemacht werden – wie auch die Verbrechen der Vertreibung und Ermordung.

Die erste Kulturveranstaltung stand 2005 unter einem Wort des jüdischen Schriftstellers Erich Fried: *„Wenn die Nacht keine Tür hätte – woher käme der Tag?“*. Es wurde der Leitsatz der gemeinsamen Arbeit. Sieben weitere Veranstaltungen folgten. Vier sind auf technisch professionellen, aber ebenfalls ehrenamtlich erarbeiteten CDs in jeweils 80 Minuten Länge dokumentiert. In zwei Broschüren der Reihe „Schriften zur Stadtentwicklung“, die Walther ins Leben gerufen hatte, wurde im Jahre 2012 anschaulich die neu recherchierte Geschichte der Juden von Ronnenberg erzählt.

Die Informationsveranstaltungen mit ihren jeweils 150 bis 250 Besucherinnen und Besuchern deuten auf eine hohe Zustimmung in der Stadtgesellschaft hin. Die Bürgerinitiative verbreiterte ihre Basis, indem sie 2014 einen „Freundeskreis“ und den „Förderverein Erinnerungsarbeit Ronnenberg e.V.“ (FER) mit Fritz Cohen als Ehrenvorsitzendem ins Leben rief.

1 Aus einem Brief an den Autor.

▲ Ihre erste Exkursion unternahmen der Freundeskreis und der Förderverein in die Mahn- und Gedenkstätte Ahlem.

FER
Förderverein
Erinnerungsarbeit
Ronnenberg e.V.

◂ Logo des Fördervereines Erinnerungsarbeit Ronnenberg e.V., der Ende 2014 gegründet wurde

▲ Schon in den 1950er Jahren besuchte Fritz Cohen seinen ehemaligen Heimatort Ronnenberg. Das Bild, das auf Cohens Schreibtisch in West Lafayette steht, zeigt ihn mit seinem Freund Heinz Korf in dessen Ronnenberger Garten.

▲ Standesamt der Stadt Ronnenberg von heute. Der jüdische Betsaal war – laut Auskunft Ursula Seligmanns, die hier wohnte – in der ersten Etage (drei Fenster in der Mitte). Rechts daneben war der Raum, in dem die Frauen den Gottesdiensten folgten. Der „Förderverein Erinnerungsarbeit Ronnenberg e.V." hat sich als Ziel gesetzt, dass hier ein jüdisches Museum errichtet wird.

◂ Eine Gedenktafel am Standesamt der Stadt Ronnenberg, dem ehemaligen Haus der Familie Siegfried Seligmann, erinnert seit 1998 an den jüdischen Betsaal.

◂ 1998 in Ronnenberg: (v.l.) Fritz Cohen, Else Seligmann, Leona Cohen, Elizabeth Cohen, Robert Gambill, Jonathan Cohen

▲ Grabstein für Lina Cohen

▲ Eröffnung der Ausstellung „Eingeprägt in unser Gedächtnis – Die Juden von Ronnenberg" mit Gästen aus Brüssel und den USA.

▲ Rundgang durch das jüdische Ronnenberg mit Teilnehmerinnen und Teilnehmern aus Ronnenberg und von auswärts.

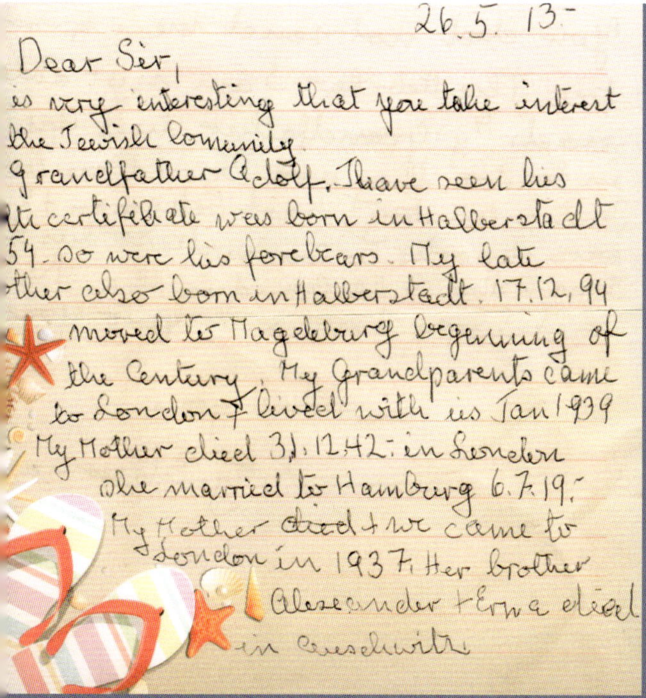

26.5.13

Dear Sir,
is very interesting that you take interest
the Jewish comunity.
grandfather Adolf. I have seen his
ti certifikate was born in Halberstadt
54. so were his forebears. My late
ther also born in Halberstadt. 17.12.94
moved to Magdeburg beginning of
the Century. My Grandparents came
to London & lived with us Jan 1939
My Mother died 31.12.42. in London
she married to Hamburg 6.7.19.
My Mother died & we came to
London in 1937. Her brother
Alexander & Erna died
in Auschwitz

Dear Mr. Hertel,
I would be honored if you could send the brochures about the Jews of Ronnenberg to me...
My grandfather was Julius Seligmann. Opa served in the German army during World War I. He and my grandmother (Margaret Seligmann) operated a department store in Goldberg and then fled to England during the Holocaust. They came to the U.S. after World War II. Opa had a brother named Harry Seligmann, who fled to Cuba during the Holocaust and then moved to New York. Julius and Harry had a brother and sister, Max and Rosie Seligmann, who were killed during the Holocaust...
Yours truly,

▲ Brief aus London von einer Enkelin der Rosa Herzberg geb. Seligmann. Erst anhand dieser Nachricht konnte geklärt werden, dass in Ronnenberg zwei „Rosa Seligmann" lebten. Sie waren nach 1945 in Aufzeichnungen der Familie Seligmann verwechselt worden. Angeblich wurden beide in Auschwitz ermordet. In Wirklichkeit ereilte dieses Schicksal jedoch nur Rosa (Rosy) Seligmann (geb. 1891 in Ronnenberg).

▲ E-Mail aus den USA im Jahre 2013. Die Autorin hatte eine Information über die beiden Broschüren „Die Juden von Ronnenberg" erhalten. In einer weiteren Mail teilte sie mit, Max und Rosa Seligmann hätten ihrer Familie, in der Absicht auszuwandern, bereits Gepäck geschickt, das dann etwa zehn Jahre lang im Haus der Familie gestanden habe. Der Autorin der E-Mail war unbekannt, dass ihre Großtante Thekla Wallach in Riga vermutlich ermordet worden ist.

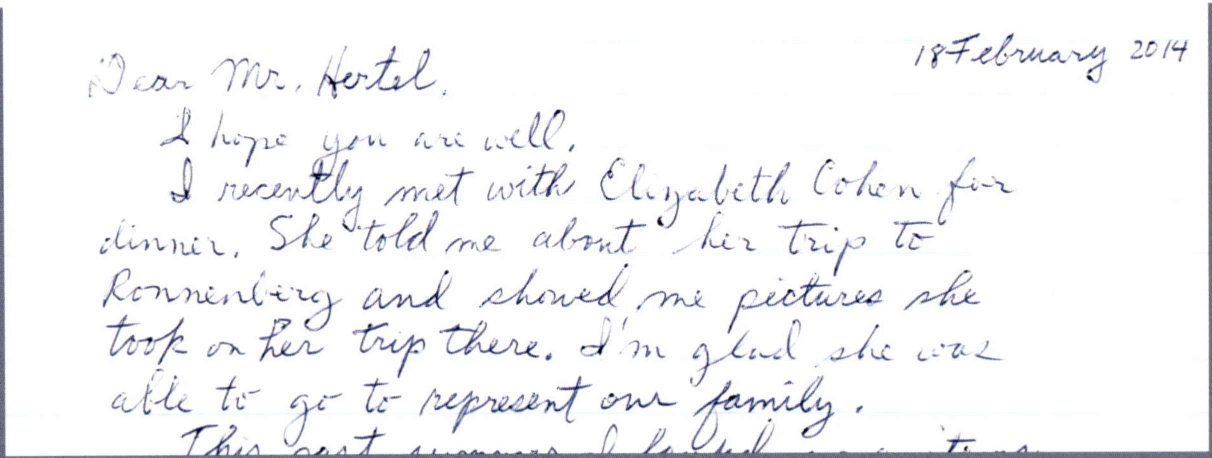

18 February 2014

Dear Mr. Hertel,

I hope you are well.

I recently met with Elizabeth Cohen for dinner. She told me about her trip to Ronnenberg and showed me pictures she took on her trip there. I'm glad she was able to go to represent our family.

▲ Claude Seligman (New York), Sohn von Alfred Seligmann, schrieb im Herbst 2013 an den Autor: er selber sei in den USA geboren worden, nun aber kenne er eine seiner Wurzeln. Wenn die Geschichte anders verlaufen wäre, wäre er wohl Ronnenberger und würde, nach allem, was er über das Ronnenberg von heute erfahren habe, gern hier leben.

▲ Bei der Verlegung der Stolpersteine im Jahre 2005 hatte Fritz Cohen, tief berührt vom Umgang Ronnenbergs mit seiner jüdischen Geschichte, spontan erklärt: *„Ab heute bin ich wieder Ronnenberger."* Wegen seiner Verdienste um die Verständigung zwischen Ronnenberg und seinen Juden erhielt er 2008 die Ehrenbürgerwürde der Stadt. Das Bild zeigt ihn mit seiner Frau Leona und Bürgermeister Wolfgang Walther.

# Anhang

# Abbildungsnachweise

S. 11, Foto links: Buddenberg-Hertel, Foto mitte: Privatbesitz Cohen, Foto rechts: Privatbesitz Seligmann | S. 13, Foto links: Buddenberg-Hertel, Foto rechts: Heimatmuseum Ronnenberg o.S. | S. 14, Foto: Heimatmuseum Ronnenberg o.S. | S. 15, Abbildung oben: Stadt Ronnenberg, Foto unten links: Privatbesitz Cohen (bearb. v. Buddenberg-Hertel), Foto unten mitte: Archives générales du Royaume, Brüssel , Foto unten rechts: Archives communales Schaerbeek, Brüssel | S. 17, Foto links: Buddenberg-Hertel, Abbildung rechts: Privatarchiv Biester | S. 18, Abbildung links: Privatarchiv Biester, Abbildung rechts: Privatarchiv Biester | S. 19, Abbildung: Privatarchiv Biester | S. 20, Abbildung links: Privatarchiv Biester, Abbildung rechts: NLA Hannover Hann. 131 Nr. 32 | S. 21, Foto: Privatbesitz Fricke | S. 22, Foto: Stadt Ronnenberg | S. 23, Foto links: Buddenberg-Hertel, Abbildung rechts: NLA Hannover Cal Br.23 Nr.556 | S. 24, Foto: Historisches Museum Hannover | S. 25, Foto links: Buddenberg-Hertel, Abbildung rechts: Privatarchiv Biester | S. 26, Abbildung links oben: Museum Bad Arolsen, Abbildung links unten: Museum Bad Arolsen, Foto rechts oben: Buddenberg-Hertel, Abbildung rechts unten: Privatarchiv Biester | S. 27, Foto oben: Privatbesitz Cohen (bearb. v. Buddenberg-Hertel), Foto unten: Heimatmuseum Ronnenberg o.S. | S. 28, Foto links oben: Privatbesitz Cohen, Postkarte rechts oben: Privatarchiv Biester | S. 29, Foto oben: Buddenberg-Hertel, Foto unten: Buddenberg-Hertel | S. 30, Foto links oben: Buddenberg-Hertel, Foto links unten: Privatbesitz Philippsohn, Foto rechts oben: Buddenberg-Hertel | S. 32, Foto links oben: Buddenberg-Hertel, Foto links unten: Buddenberg-Hertel, Foto rechts oben: Buddenberg-Hertel, Foto rechts unten: Buddenberg-Hertel | S. 33, Foto links: Buddenberg-Hertel, Foto rechts: Gedenkstätte Ahlem | S. 35, Foto oben: Privatbesitz Seligmann, Foto unten: Privatbesitz Cohen | S. 36, Foto oben: Privatbesitz Seligmann, Foto unten: Privatbesitz Cohen | S. 37, Foto links: Privatbesitz Cohen, Foto rechts: Privatbesitz Cohen | S. 38, Abbildung: Privatbesitz Cohen (bearb.v. Buddenberg-Hertel) | S. 39, Foto: Privatbesitz Cohen | S. 41, Foto links: BArch, Bild 119-0030/CC-BY-SA, Abbildung rechts: Deutsches Historisches Museum, Berlin | S. 43, Foto: BArch, Bild 102-14468/ Georg Pahl/CC-BY-SA 3.0 | S. 44, Abbildung: Repro Bücherverbrennung, Städtische Erinnerungskultur Hannover 2013 | S. 45, Foto links: Privatbesitz Cohen (bearb.v. Buddenberg-Hertel), Foto Max Seligmann: Archives communales Schaerbeek, Foto Rosa Seligmann: Archives générales du Royaume, Foto: Julius Philippsohn: Privatbesitz Philippsohn, Foto Alma Seligmann: United States Holocaust Memorial Museum, Foto Siegfried Seligmann: United States Holocaust Memorial Museum, Foto Ursula Seligmann: Archives communales Schaerbeek, Foto Heinz Seligmann: Privatbesitz Seligmann (bearb.v. Buddenberg-Hertel), Foto Harry Seligmann: NLA Hannover Nds. 110 W Acc.14/99 Nr.101096, Foto Frieda Seligmann: Privatbesitz Cohen (bearb.v. Buddenberg-Hertel); Foto Henriette Seligmann: Privatbesitz Seligmann (bearb.v. Buddenberg-Hertel) | S. 46, Abbildung links: Heimatmuseum Ronnenberg o.S., Foto rechts: Privatbesitz Cohen (bearb.v.Buddenberg-Hertel) | S. 47, Abbildung links oben: Heimatmuseum Ronnenberg o.S., Foto links unten: Heimatmuseum Ronnenberg o.S. (bearb.v.Buddenberg-Hertel), Foto rechts oben: Privatbesitz Cohen, Foto rechts unten: Privatbesitz Philippsohn | S. 48, Foto oben: Privatarchiv Biester, Foto unten: Heimatmuseum Ronnenberg o.S. | S. 49, Foto: Heimatmuseum Ronnenberg o.S (bearb.v. Buddenberg-Hertel) | S. 50, Abbildung links: Privatarchiv Gann (Das Leserlein. Erstes. Lesebuch für die Volksschule Nordbayerns. Zeichnungen Margret Wolfinger, Verlag der Friedr. Kornschen Buchhandlung, Nürnberg 1933), Postkarte rechts: Privatbesitz Cohen | S. 51, Abbildung: Privatarchiv Hertel (Dr.Krueger, Die Nürnberger Gesetze, Der Stürmer, Nr. 42/1936 ) | S. 52, Abbildung links: Stadt Ronnenberg, Abbildung rechts: Privatarchiv Biester | S. 53, Abbildung links: Privatarchiv Hertel (Der Stürmer, Nr. 42/1936), Abbildung rechts: NLA Hannover Nds. 110 W Acc. 14/99 Nr.101678 | S. 55, Abbildung: Privatarchiv Gann | S. 56, Abbildung: Privatarchiv Gann | S. 57, Abbildung links: Kazerne Dossin, Abbildung rechts: Kazerne Dossin | S. 58, Foto oben: Privatbesitz Cohen, Abbildung unten: NLA Hannover Nds. 110 W Acc. 14/99 Nr. 131931 | S. 59, Abbildung oben: Privatbesitz Seligmann, Abbildung unten: Privatbesitz Seligmann | S. 60, Abbildung oben: Stadt Ronnenberg, Abbildung unten: Privatbesitz Seligman | S. 61, Abbildung: Heimatmuseum Ronnenberg o.S | S. 62, Abbildung oben: Privatbesitz Cohen (bearb.v. Buddenberg-Hertel), Abbildung unten: Privatbesitz Cohen (bearb.v. Buddenberg-Hertel) | S. 63, Abbildung: Privatbesitz Cohen (bearb.v. Buddenberg-Hertel) | S. 64, Abbildung: Privatbesitz Cohen | S. 65, Abbildung oben: Privatbesitz Cohen (bearb.v. Buddenberg-Hertel), Abbildung mitte: Privatbesitz Cohen (bearb.v. Buddenberg-

Hertel), Abbildung unten: Privatbesitz Cohen (bearb.v. Buddenberg-Hertel) | S. 66, Foto: Historisches Museum Hannover | S. 67, Foto links: Stadt Ronnenberg, Abbildung rechts oben: Stadt Ronnenberg:, Abbildung rechts unten: Heimatmuseum Ronnenberg o.S. | S. 68, Foto: Privatbesitz Philippsohn | S. 69, Abbildung oben: Privatbesitz Philippsohn, Abbildung unten: Privatbesitz Philippsohn. | S. 70, Abbildung links: NLA Hannover Hann. 210 Acc. 2004/025 Nr.472, Abbildung rechts: NLA Hannover Hann. 210 Acc. 2004/025 Nr.475 | S. 71, Abbildung: NLA Hannover Nds. 110 W Acc. 14/99, Nr.109042 | S. 72, Abbildung links: NLA Hannover Hann. 210 Acc. 2004/025 Nr.475, Abbildung rechts: NLA Hannover Hann. 210 Acc. 2004/025 Nr.224 | S.73, Abbildung oben: NLA Hannover Hann. 210 Acc. 2004/025 Nr. 1818, Abbildung unten: NLA Hannover Hann. 210 Acc. 2004/025 Nr. 224 | S. 74, Abbildung links: NLA Hannover Nds 110 W Acc.14/99. Nr.109 942, Foto rechts oben: Heimatmuseum Ronnenberg o.S. (bearb.v.Buddenberg-Hertel), Abbildung rechts unten: NLA Hannover Hann. 210 Acc. 2004/025 Nr.1818 | S. 75, Foto links: Privatbesitz Seligmann, Abbildung rechts oben: Stadt Ronnenberg, Foto rechts unten: Privatbesitz Seligmann | S. 76, Foto links: Privatbesitz Philippsohn, Abbildung rechts oben: NLA Hannover Hann. 210 Acc. 2004/025 Nr.475, Abbildung rechts unten: NLA Hannover Hann. 210 Acc. 2004/025 Nr.1824 | S. 77, Abbildung oben: United States Holocaust Memorial Museum, Worksheet 31691, Abbildung unten: Stadt Ronnenberg | S. 79, Abbildung: Privatbesitz Philippsohn | S. 80, Foto links oben: Privatbesitz Philippsohn, Foto links unten: Privatbesitz Philippsohn, Foto rechts oben: Privatbesitz Philippsohn, Foto rechts unten: Service historique de la Défence, CHA/Vincennes GR16P 474574 | S. 81, Abbildung links oben: Privatbesitz Philippsohn, Abbildung links unten: Privatbesitz Philippsohn, Abbildung rechts: Service historique de la Défence, CHA/Vincennes GR16P 474574 | S. 82, Abbildung links: United States Holocaust Memorial Museum, Worksheet 31690, Abbildung rechts: Privatbesitz Seligmann | S. 83, Foto oben: Gedenkstätte Ahlem, Abbildung unten: Kazerne Dossin | S. 84, Abbildung links: Privatbesitz Cohen, Abbildung rechts: Stadt Ronnenberg | S. 85, Foto oben links: Archives générales du Royaume, Foto oben rechts: Archives générales du Royaume, Foto links unten: United States Holocaust Memorial Museum Worksheet 31697, Foto mitte unten: United States Holo-caust Memorial Museum Worksheet 31695, Foto rechts unten: United States Holo-caust Memorial Museum Worksheet 31691 | S. 86, Abbildung links: United States Holocaust Memorial Museum Worksheet 80306, Foto rechts: United States Holocaust Memorial Museum Worksheet 31826 | S. 87, Abbildung links: NLA Hannover Nds. 110 W 14/99 Nr.101096, Foto rechts: United States Holocaust Memorial Museum Worksheet 31739 | S. 88, Abbildung oben: United States Holocaust Memorial Museum Worksheet 31694, Abbildung unten: United States Holocaust Memorial Museum Worksheet 28776 | S. 89, Foto oben: United States Holocaust Memorial Museum Worksheet 02975, Abbildung unten: Kazerne Dossin | S. 90, Abbildung: Archives communales Schaerbeek | S. 91, Abbildung: Stadt Ronnenberg | S. 92, Abbildung: Privatbesitz Cohen | S. 93, Foto oben: Buddenberg-Hertel, Foto mitte: Buddenberg-Hertel, Foto unten: Buddenberg-Hertel | S. 94, Abbildung: Archives générales du Royaume | S. 95, Foto oben links: Archives communales Schaerbeek, Foto oben rechts: Archives communales Schaerbeek, Foto unten links: United States Holocaust Memorial_ Museum Worksheet 31695, Foto unten rechts: United States Holocaust Memorial Museum Worksheet 31697 | S. 96-99, Abbildungen: Privatbesitz Cohen (bearb.v. Buddenberg-Hertel) | S. 100, Abbildung links: NLA Hannover Nds. 110 W Acc. 14/99 Nr.109052, Abbildung rechts: Privatbesitz Cohen (bearb.v. Budddenberg-Hertel) | S. 101, Abbildung oben: NLA Hannover Nds. 110 W Acc. 14/99 Nr.109052, Foto unten: Stadt Ronnenberg, Abbildung unten rechts: Stadt Ronnenberg | S. 102, Abbildung links: United States Holocaust Memorial Museum Worksheet 31697, Abbildung mitte: United States Holocaust Memorial Museum Worksheet 31696, Abbildung rechts: United States Holocaust Memorial Museum Worksheet 31695 | S. 103, Abbildung links: United States Holocaust Memorial Museum Worksheet 31697a, Foto rechts: Privatbesitz Cohen (bearb.v. Buddenberg-Hertel) | S. 104, Abbildung oben: Privatbesitz Cohen (bearb.v. Buddenberg-Hertel), Foto unten: Privatbesitz Cohen | S. 105, Foto oben: Privatbesitz Seligmann, Foto unten: Buddenberg-Hertel | S. 106, Foto oben: Privatbesitz Philippsohn, Abbildung unten: Archives communales Schaerbeek | S. 107, Abbildung: Privatbesitz Cohen | S. 109, Foto links: Archives communales

Schaerbeek, Abbildung rechts oben: SPF Sécurité Sociale Service des Victimes de la Guerre, Brüssel, Foto rechts unten: BArchiv, Bild 183-B10917 / CC-BY-SA | S. 110, Foto links oben: Stadt Ronnenberg, Abbildung links unten: Privatarchiv Seligman, Abbildung rechts oben: Privatarchiv Seligman, Abbildung rechts unten: Privatarchiv Seligman | S. 111, Abbildung: Privatarchiv Hertel | S. 112, Foto links oben: Archives communales Schaerbeek, Foto links unten: Buddenberg-Hertel, Abbildung rechts: Kazerne Dossin | S. 113, Abbildung links oben: Archives communales Schaerbeek, Abbildung links mitte: Archives communales Schaerbeek, Foto links unten: Kazerne Dossin, Abbildung rechts: SPF Sécurité Sociale | S. 114, Foto: Historisches Museum Hannover | S. 115, Foto oben: Privatarchiv Hertel, Foto unten: Gedenkstätte Ahlem | S. 116, Abbildung oben: Privatbesitz Cohen, Abbildung unten: Privatbesitz Cohen | S. 117, Abbildung oben: Privatbesitz Cohen, Abbildung unten: Privatbesitz Cohen | S. 119, Foto links: Buddenberg-Hertel, Foto rechts: Buddenberg-Hertel | S. 120, Foto links oben: Archives générales du Royaume, Foto links unten: Buddenberg-Hertel, Abbildung rechts: SPF, Sécurité sociale | S. 121, Foto links oben: Kazerne Dossin, Foto links unten: Buddenberg-Hertel, Abbildung rechts oben: Kazerne Dossin, Abbildung rechts unten: SPF Sécurité sociale | S. 122, Foto links: Buddenberg-Hertel, Abbildung rechts: NLA Hannover Hann. 210 Acc. 2004/24 Nr. 224 | S. 123, Foto links: Buddenberg-Hertel, Foto rechts: Privatbesitz Seligmann | S. 124, Foto links oben: Privatbesitz Cohen, Abbildung links unten: Privatbesitz Cohen, Foto rechts: Buddenberg-Hertel | S. 125, Foto oben: Stadtarchiv Bielefeld 300-11_1941-2-20, Abbildung unten: NLA Hannover Hann. 210 Acc. 2004/25 Nr. 475 | S. 126, Abbildung links: Privatbesitz Cohen, Foto rechts: Privatarchiv Hertel | S. 127, Foto links oben: Privatbesitz Cohen (bearb.v. Buddenberg-Hertel), Foto links unten: Buddenberg-Hertel, Abbildung rechts oben: Privatbesitz Cohen, Abbildung rechts unten: Privatbesitz Cohen | S. 128, Foto links: Buddenberg-Hertel, Foto rechts: Buddenberg-Hertel | S. 129, Foto links: Historisches Museum Hannover, Foto rechts: Buddenberg-Hertel | S. 130, Foto: Buddenberg-Hertel | S. 131, Foto links oben: Heimatmuseum Ronnenberg o.S. (bearb. von Buddenberg-Hertel, Foto links unten: Buddenberg-Hertel, Abbildung rechts: Cohen (bearb.v.Buddenberg-Hertel) | S. 134, Foto links oben: Buddenberg-Hertel, Foto links unten: Buddenberg-Hertel, Foto rechts: Privatbesitz Cohen | S. 135, Foto links oben: Stadt Ronnenberg, Foto unten: Privatbesitz Cohen, Foto rechts oben: Buddenberg-Hertel | S. 136, Foto links: Buddenberg-Hertel, Foto rechts oben: Buddenberg-Hertel, Foto rechts unten: Buddenberg-Hertel | S. 137, Abbildung links: Privatarchv Hertel, Abbildung rechts: Privatarchv Hertel | S. 138, Abbildung: Privatarchiv Hertel | S. 139, Foto: Stadt Ronnenberg

# Quellen

## Visuelle Quellen

Archives communales Schaerbeek, Bruxelles (B).

Archives générales du Royaume, Bruxelles (B).

Buddenberg-Hertel, Christiane, Ronnenberg.

Bundesarchiv, Berlin-Koblenz.

Heimatmuseum, Ronnenberg.

Hertel, Peter u.a. [Hrsg.], Ronnenberg: Sieben Traditionen – Eine Stadt, Ronnenberg 2010.

Historisches Museum Hannover, Hannover.

Mahn- und Gedenkstätte Ahlem, Hannover.

Memoriaal, Museum en Documentatiecentrum over Holocaust en Mensenrechten, Kazerne Dossin, Mechelen (B)

Museum Bad Arolsen, Bad Arolsen.

Niedersächsisches Landesarchiv Hannover, Hannover.

Privatarchiv Matthias Biester, Ronnenberg.

Privatarchiv Christoph Gann, Meiningen.

Privatarchiv Peter Hertel, Ronnenberg.

Privatbesitz Fritz G. Cohen, West Lafayette, IN (USA).

Privatbesitz Hans-Hermann Fricke, Ronnenberg.

Privatbesitz Gerda Philippsohn, Garbsen.

Privatbesitz Claude Seligmann, New York City (USA).

Privatbesitz George Seligmann, Rio de Janeiro (BRA).

Privatbesitz Heinz Seligmann, Rio de Janeiro (BRA).

Service historique de a Défense, CHA/Vincennes (F).

SPF Sécurité Sociale Service des Victimes de la Guerre Service Archives et Documentation, Bruxelles (B).

Stadt Ronnenberg, Ronnenberg.

Stadtarchiv Bielefeld, Bielefeld.

Städtische Erinnerungskultur Hannover, Hannover.

Stiftung Deutsches Historisches Museum Berlin, Berlin.

United States Holocaust Memorial Museum, Washington D.C., (USA).

## Bücher und Broschüren


**Bervots, Marcel**, La Liste de Saint-Cyprien, Bruxelles 2006.

**Döscher, Hans-Jürgen**, „Kampf gegen das Judenthum"-Gustav Stille (1845-1920, Berlin 2008.)

**Franke, Christoph**, Legalisiertes Unrecht, Devisenbewirtschaftung und Judenverfolgung am Beispiel des Oberfinanzpräsidiums Hannover 1931-1945, Veröffentlichungen der Historischen Kommission für Niedersachsen und Bremen, Band 257, Hannover 2011.

**Füllberg-Stolberg, Claus**, „Wie mir bekannt geworden ist, beabsichtigen Sie auszuwandern…" – Die Rolle der Oberfinanzdirektion Hannover bei der Vertreibung der Juden, in: Die Welt querdenken, (Festschrift für Hans-Heinrich Nolte zum 65.Geburtstag, hrsg. v. Carl-Hans Hauptmeyer, Dariusz Adamczyk, Beate Eschment und Udo Obal), Frankfurt am Main 2003.

**Hertel, Peter** u.a. [Hrsg] Ronnenberg: Sieben Traditionen – Eine Stadt, Ronnenberg 2010.

Ders., Schriften zur Stadtentwicklung, Bd..4, Die Juden von Ronnenberg Teil 1: 1700-1933, Januar 2012.

Ders., Schriften zur Stadtentwicklung, Bd..5, Die Juden von Ronnenberg Teil 2: 1933-1939-2012, November 2012.

**Homeyer, Friedel**, Gestern und Heute. Juden im Landkreis Hannover, Hannover 1984.

**Kárný, Miroslav**, Theresienstädter Gedenkbuch, Prag 2000.

**Meiners, Werner,** Nordwestdeutsche Juden zwischen Umbruch und Beharrung, Hannover 2001, S.473.

**Obenaus,Wilhelm,** Hrsg., in Zusammenarbeit mit David Bankier und **Daniel Fraenkel, Historisches**, Handbuch der jüdischen Gemeinden in Niedersachsen und Bremen, Bd 1, Göttingen 2005.

**Stieglitz, Olga,** Die Stieglitz aus Arolsen, Museumshefte Waldeck-Frankenberg 22, Bad Arolsen 2003.

**Dokumente, Archivalien und Informationen öffentlicher Institutionen**

Archives communales Schaerbeek, Bruxelles.
Archives générales du Royaume, Bruxelles.
Bundesarchiv Berlin, Mitteilung und Recherchen 8.8./9.8.2012.
Der Stürmer, 1936/42, Nürnberg 1936.
Gedenkbuch – Opfer der Verfolgung der Juden unter der nationalsozialistischen Gewaltherrschaft in Deutschland 1933-1945 (online).
International Tracing Service (ITS), Bad Arolsen, Information 23.3.2012.
Landeshauptstadt Magdeburg, Stadtarchiv, Information 5.4. und 13.8.2012.
Landeshauptstadt Mainz, Stadtarchiv, Az.471219, Tgb.Nr.1764/11.
Landkreis Celle, Kreisarchiv, Recherchen 16.8.2012.
Landkreis Hildesheim, Kreisarchiv, Urkunde Nr.15 des Standesamtes Kleinfreden vom 14.November 1941.
Memoriaal, Museum en Documentatiecentrum over Holocaust en Mensenrechten, Kazerne Dossin, Mechelen (B), Information 7.5.2012.
Merkblatt des US-amerikanischen Konsulates in Stuttgart, dokumentiert in der Ausstellung „Wenn ihr hier ankommt…“ Privatarchiv von Christoph Gann in Meiningen.
Microfilm des archives originales du camp de Gurs (F), Photo 70.
Niedersächsisches Landesarchiv (NLA) Hannover, Hann Nds 110 W Acc.14/99 Nr. 100761, 101096, 101678, 1128 I., 119149, 124292, 124948,127664, 131931; Hann Nds 725 Wennigsen Acc.129/94, Nr.296; Cal Br 23 Nr. 556, 599; Hann 74 Linden Nr.792; Hann 80 Nr. 12974; Hann 210 Acc.2004/025, Nr. 224, 472, 590, 1301, 1617.1825,1826, 2222, 3953, 3955.
Service des Archives communales de Molenbeek-Saint-Jean, Bruxelles, Mitteilung am 24.4.2012.
Staatsarchiv Bremen, Kleine Schriften, Heft 35, S.131-144.
Staatsarchiv Bückeburg, Bu H2 Nr.772.
Stadtarchiv Barsinghausen, Informationen von Eckard Steigerwald.
Stadt Achim, Information.
Stadt Bielefeld, Standesamtsregister, Information .
Stadt Celle, Stadtarchiv, Mitteilung des St.Josef-Stifts Celle an das Standesamt Celle.
Stadt Eschwege, Stadtarchiv, Mitteilung.
Stadt Köln, NS-Dokumentationszentrum, Information.
Stadt Nidderau, Heiratsregister Heldenbergen.
Stadt Nienburg/Weser, Stadtarchiv, Mitteilung.
Stadt Pattensen, Standesamt, Mitteilung.
Stadt Ronnenberg, Standesamt, mehrere Urkunden.
Tietz, Christine und Arnim Schrenke, Das Leben jüdischer Menschen in Freden (Leine) – Ein Stück örtlicher Zeitgeschichte, Manuskript (Schularbeit) ohne Datum (vermutlich 1988).

**Private Informationen**

Aron, Helen, Scotch Plains, NJ (USA).

Biester, Matthias, Ronnenberg.

Blechner, Anthony, Tel Aviv (ISR).

Blum, Johannès, Bruxelles (B).

Brandt, Henry G., Augsburg.

Cohen, Elizabeth, Chicago IL (USA).

Cohen, Fritz G., West Lafyaette IN (USA).

Compagnons de la Mémoire, Bruxelles (B).

Gramegna, Claudio, Rapallo (I).

Löwenstein, Ursula, Jerusalem (ISR).

Philippsohn, Gerda, Garbsen.

Seligman, Claude, New York City (USA).

Seligmann, Else, Chevy Chase, MD (USA).

Seligmann, Family-Tree, o.D. (ca 1980).

Seligmann, George, Rio de Janeiro (BRA).

Seligmann, Heinz, Rio de Janeiro (BRA).

Strassman, Betty, London (GB).

**Tonträger**

**Cohen, Fritz G.**, im Gespräch mit Hans-Jürgen Hermel, Video-Aufzeichnung, Memomedia.

**Gann, Anna / Peter Hertel,** Stolpersteine – Ronnenberg sucht jüdische Spuren, Ein Tondokument in Wort und Musik, herausgegeben von der Stadt Ronnenberg, CD, 79:36 Minuten, Edition Hörscheiben, Ronnenberg/Karlsruhe 2006.

**Gann, Anna,** „Das ganze Menschengeschlecht mit gleicher Liebe umfassen“, Ein Abend mit Texten des Philosophen Moses Mendelssohn, Tondokument in Wort und Musik, Herausgeberin: Stadt Ronnenberg, Länge: 79:48 Minuten, Edition Hörscheiben, Ronnenberg 2013.

**Hertel, Peter,** Wir können nicht schweigen, Ronnenberger Erinnerungskultur, Ein Tondokument, Herausgeberin: Stadt Ronnenberg, 79:33 Minuten, Edition Hörscheiben, Ronnenberg 2009.

**Hertel, Peter / Buddenberg-Hertel, Christiane**, Ronnenberg ehrt seine Juden, Tondokument in Wort und Musik, Herausgeberin: Stadt Ronnenberg, 79:50, Minuten, Edition Hörscheiben, Ronnenberg 2013.

# Die Autoren

**Peter Hertel** (Jahrgang 1937) war in innenpolitischen Zeitungsredaktionen und in der Hauptredaktion Kulturelles Wort/Religion und Gesellschaft des Norddeutschen Rundfunks (NDR) tätig. Fast 15 Jahre lang gestaltete er u.a. die wöchentliche NDR-Hörfunkreihe „Zum Sabbat“ (heute: Schabbat Schalom) und die Sendungen zu den jüdischen Feiertagen. Mehrfach wurde er als Referent auf jüdischen Kongressen im In- und Ausland eingeladen.

**Christiane Buddenberg-Hertel** (Jahrgang 1947) war Tontechnikerin, System-Administratorin und Personalratsvorsitzende im Landesfunkhaus Niedersachsen des Norddeutschen Rundfunks. Sie war an vielen NDR-Produktionen über das Judentum beteiligt und erarbeitete CDs zu jüdischen Themen in der „Edition Hörscheiben“, deren Mitherausgeberin sie ist.

Gemeinsam haben beide mehrere Veranstaltungen in Wort und Musik über jüdische Lebenswelten und den Holocaust geplant und präsentiert. Für die Stadt Ronnenberg haben sie zwei Broschüren über die Juden der Gemeinde erarbeitet und veröffentlicht.

# Impressum


Der Regionspräsident

Herausgeber:
Region Hannover

Koordination:
Stefanie Burmeister

Autoren:
Peter Hertel und
Christiane Buddenberg-Hertel